Schulz

Feiern mit den Peanuts

Charles M. Schulz
Feiern mit den Peanuts

Aus dem amerikanischen Englisch
von Matthias Wieland

Mit einem Nachwort
von Oliver Jahraus

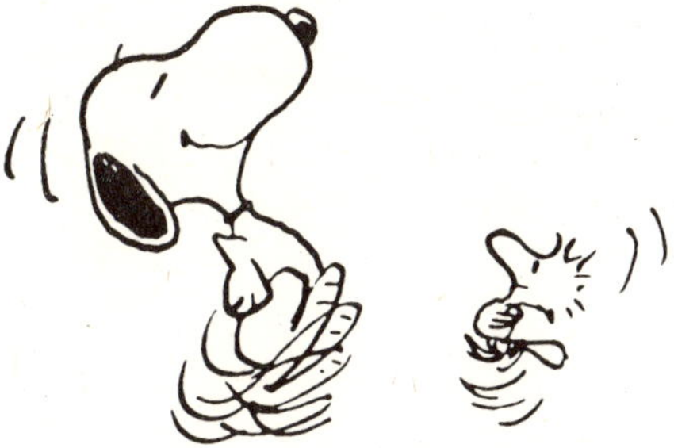

Reclam

RECLAMS UNIVERSAL-BIBLIOTHEK Nr. 14582
2024 Philipp Reclam jun. Verlag GmbH,
Siemensstraße 32, 71254 Ditzingen

Druck und Bindung: Druckerei C.H.Beck,
Bergerstraße 3–5, 86720 Nördlingen
Printed in Germany 2024
RECLAM, UNIVERSAL-BIBLIOTHEK und
RECLAMS UNIVERSAL-BIBLIOTHEK sind eingetragene Marken
der Philipp Reclam jun. GmbH & Co. KG, Stuttgart
ISBN 978-3-15-014582-1

www.reclam.de

Inhalt

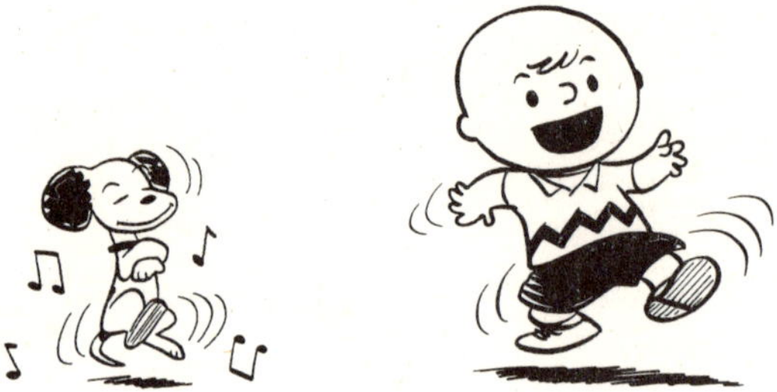

Die 50er

Von verlorenen Milchzähnen,
kleinen Schwestern und dem Staub
der Jahrhunderte

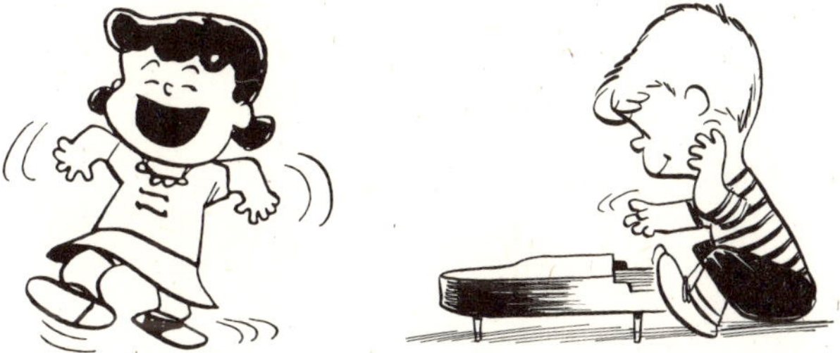

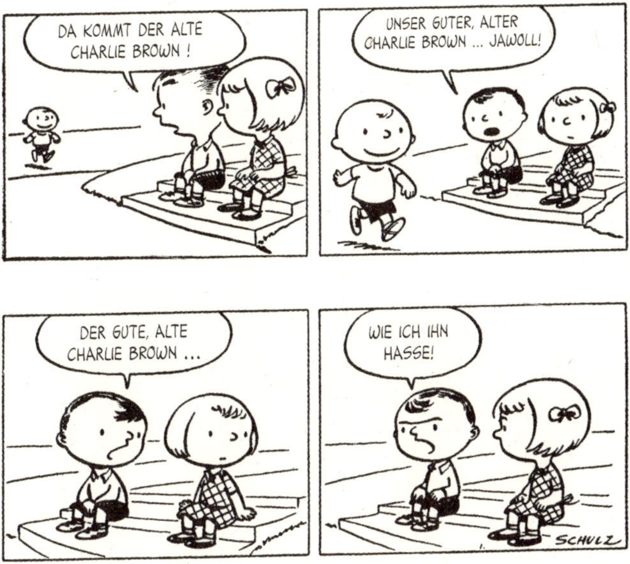
DA KOMMT DER ALTE CHARLIE BROWN !
UNSER GUTER, ALTER CHARLIE BROWN ... JAWOLL!
DER GUTE, ALTE CHARLIE BROWN ...
WIE ICH IHN HASSE!
SCHULZ

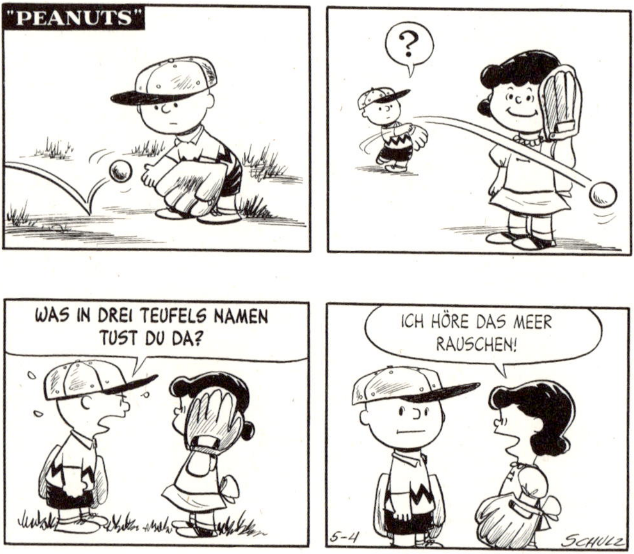
"PEANUTS"
?
WAS IN DREI TEUFELS NAMEN TUST DU DA?
ICH HÖRE DAS MEER RAUSCHEN!
5-4
SCHULZ

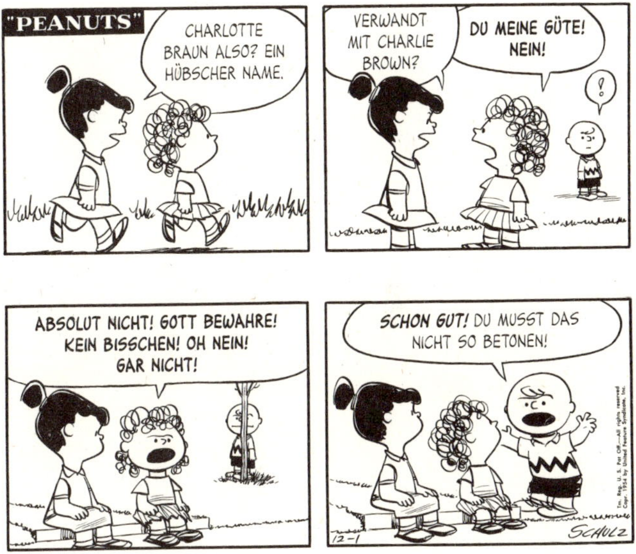
"PEANUTS"
CHARLOTTE BRAUN ALSO? EIN HÜBSCHER NAME.
VERWANDT MIT CHARLIE BROWN?
DU MEINE GÜTE! NEIN!
!
ABSOLUT NICHT! GOTT BEWAHRE! KEIN BISSCHEN! OH NEIN! GAR NICHT!
SCHON GUT! DU MUSST DAS NICHT SO BETONEN!
Tm. Reg. U. S. Pat. Off.—All rights reserved
Copr. 1954 by United Feature Syndicate, Inc.
12-1
SCHULZ

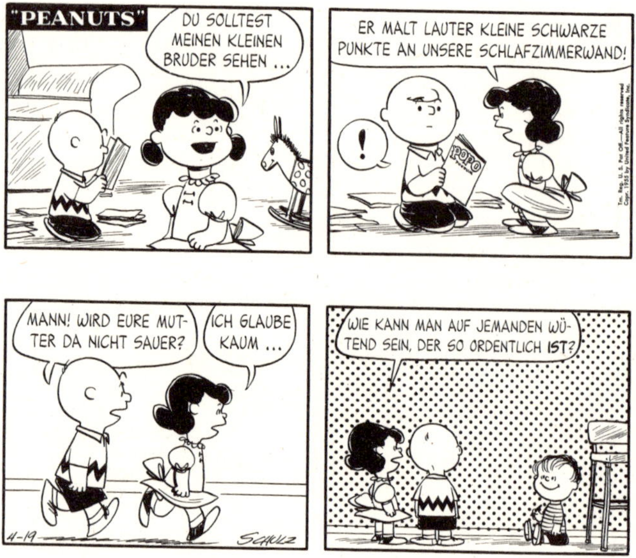
"PEANUTS"
DU SOLLTEST MEINEN KLEINEN BRUDER SEHEN ...
ER MALT LAUTER KLEINE SCHWARZE PUNKTE AN UNSERE SCHLAFZIMMERWAND!
!
POPO
MANN! WIRD EURE MUTTER DA NICHT SAUER?
ICH GLAUBE KAUM ...
4-19
SCHULZ
WIE KANN MAN AUF JEMANDEN WÜTEND SEIN, DER SO ORDENTLICH **IST**?

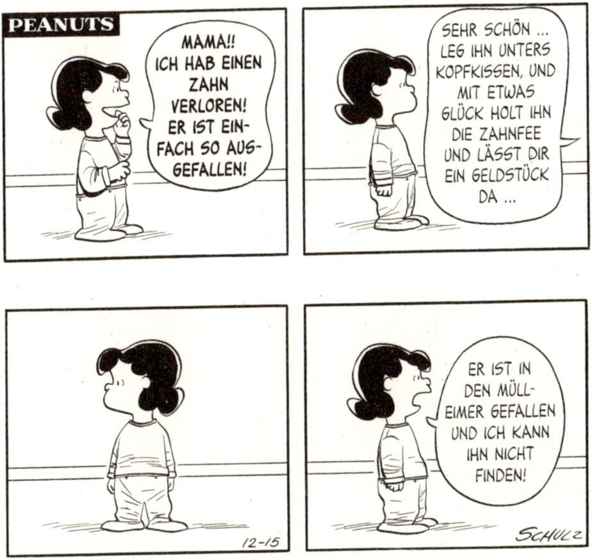
PEANUTS
MAMA!! ICH HAB EINEN ZAHN VERLOREN! ER IST EIN-FACH SO AUS-GEFALLEN!
SEHR SCHÖN ... LEG IHN UNTERS KOPFKISSEN, UND MIT ETWAS GLÜCK HOLT IHN DIE ZAHNFEE UND LÄSST DIR EIN GELDSTÜCK DA ...
12-15
ER IST IN DEN MÜLL-EIMER GEFALLEN UND ICH KANN IHN NICHT FINDEN!
SCHULZ

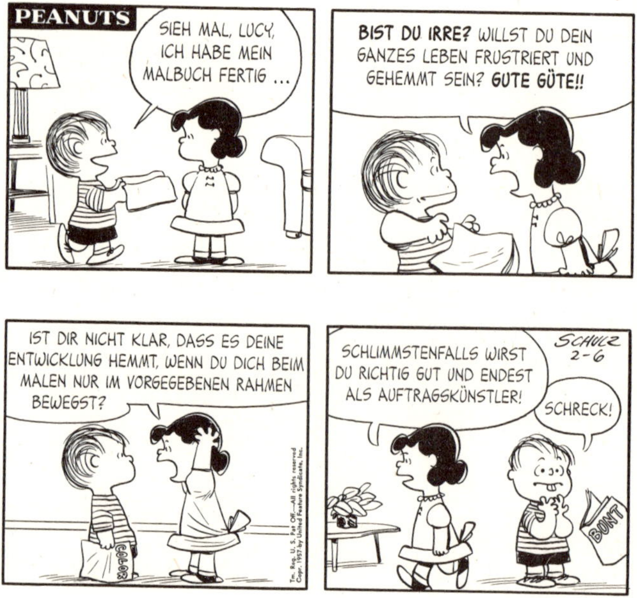
PEANUTS
SIEH MAL, LUCY, ICH HABE MEIN MALBUCH FERTIG …
BIST DU IRRE? WILLST DU DEIN GANZES LEBEN FRUSTRIERT UND GEHEMMT SEIN? GUTE GÜTE!!
IST DIR NICHT KLAR, DASS ES DEINE ENTWICKLUNG HEMMT, WENN DU DICH BEIM MALEN NUR IM VORGEGEBENEN RAHMEN BEWEGST?
COLOR
Tm. Reg. U. S. Pat. Off.—All rights reserved
Copr. 1957 by United Feature Syndicate, Inc.
SCHULZ 2-6
SCHLIMMSTENFALLS WIRST DU RICHTIG GUT UND ENDEST ALS AUFTRAGSKÜNSTLER!
SCHRECK!
BONT

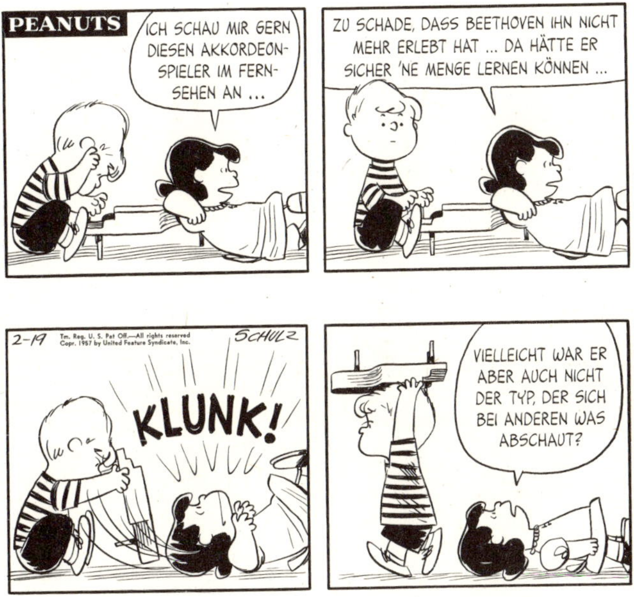
PEANUTS
ICH SCHAU MIR GERN DIESEN AKKORDEON-SPIELER IM FERN-SEHEN AN …
ZU SCHADE, DASS BEETHOVEN IHN NICHT MEHR ERLEBT HAT … DA HÄTTE ER SICHER 'NE MENGE LERNEN KÖNNEN …
2-19
Tm. Reg. U. S. Pat Off.—All rights reserved Copr. 1957 by United Feature Syndicate, Inc.
SCHULZ
KLUNK!
VIELLEICHT WAR ER ABER AUCH NICHT DER TYP, DER SICH BEI ANDEREN WAS ABSCHAUT?

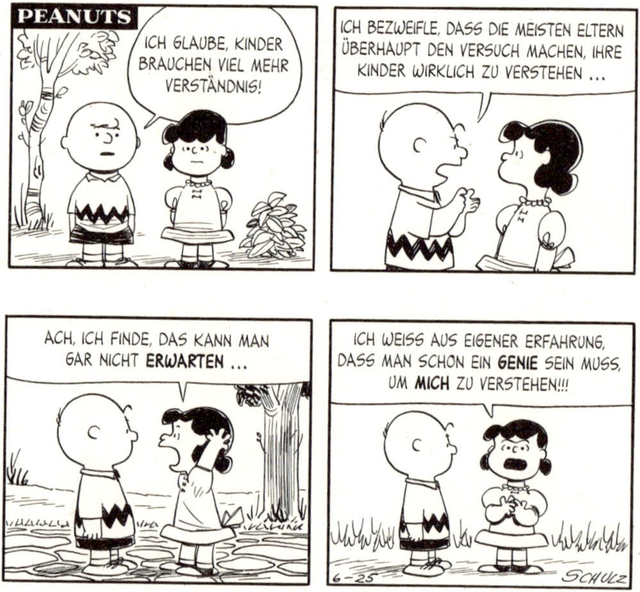
PEANUTS
ICH GLAUBE, KINDER BRAUCHEN VIEL MEHR VERSTÄNDNIS!
ICH BEZWEIFLE, DASS DIE MEISTEN ELTERN ÜBERHAUPT DEN VERSUCH MACHEN, IHRE KINDER WIRKLICH ZU VERSTEHEN …
ACH, ICH FINDE, DAS KANN MAN GAR NICHT **ERWARTEN** …
ICH WEISS AUS EIGENER ERFAHRUNG, DASS MAN SCHON EIN **GENIE** SEIN MUSS, UM **MICH** ZU VERSTEHEN!!!
6-25
SCHULZ

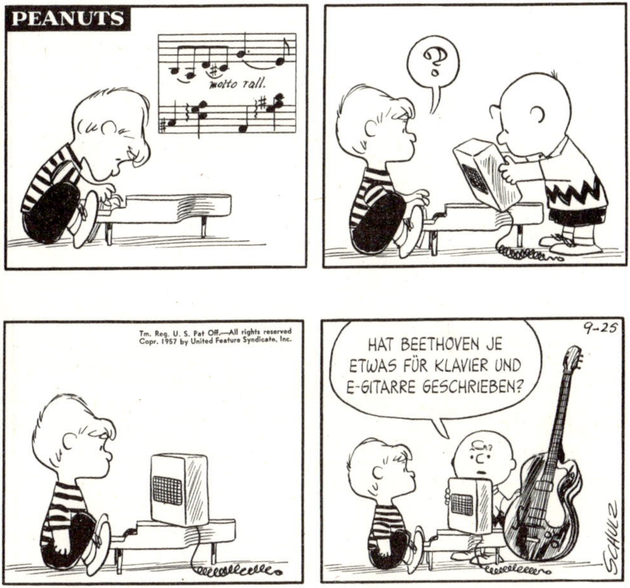
PEANUTS
molto rall.
?
Tm. Reg. U. S. Pat Off.—All rights reserved
Copr. 1957 by United Feature Syndicate, Inc.
9-25
HAT BEETHOVEN JE ETWAS FÜR KLAVIER UND E-GITARRE GESCHRIEBEN?
SCHULZ

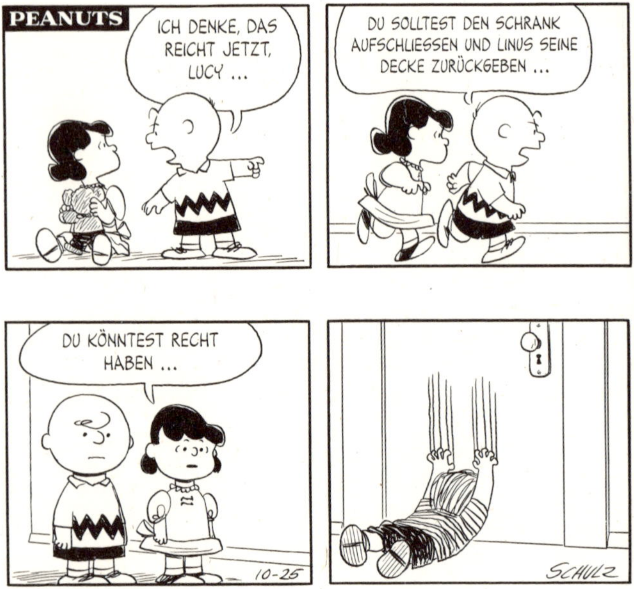
PEANUTS
ICH DENKE, DAS REICHT JETZT, LUCY …
DU SOLLTEST DEN SCHRANK AUFSCHLIESSEN UND LINUS SEINE DECKE ZURÜCKGEBEN …
DU KÖNNTEST RECHT HABEN …
10-25
SCHULZ

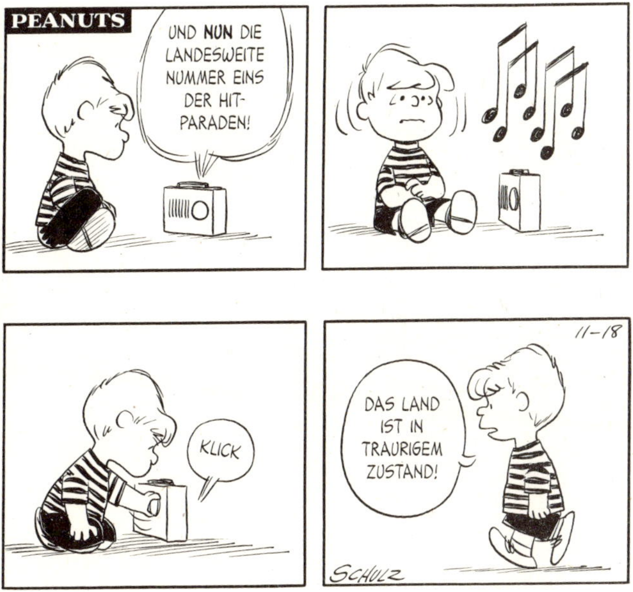
PEANUTS
UND **NUN** DIE LANDESWEITE NUMMER EINS DER HIT-PARADEN!
KLICK
11-18
DAS LAND IST IN TRAURIGEM ZUSTAND!
SCHULZ

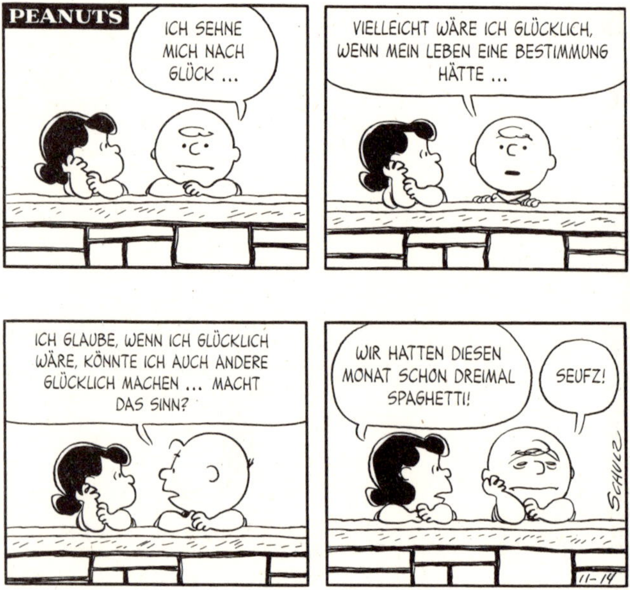
PEANUTS
ICH SEHNE MICH NACH GLÜCK ...
VIELLEICHT WÄRE ICH GLÜCKLICH, WENN MEIN LEBEN EINE BESTIMMUNG HÄTTE ...
ICH GLAUBE, WENN ICH GLÜCKLICH WÄRE, KÖNNTE ICH AUCH ANDERE GLÜCKLICH MACHEN ... MACHT DAS SINN?
WIR HATTEN DIESEN MONAT SCHON DREIMAL SPAGHETTI!
SEUFZ!
SCHULZ
11-14

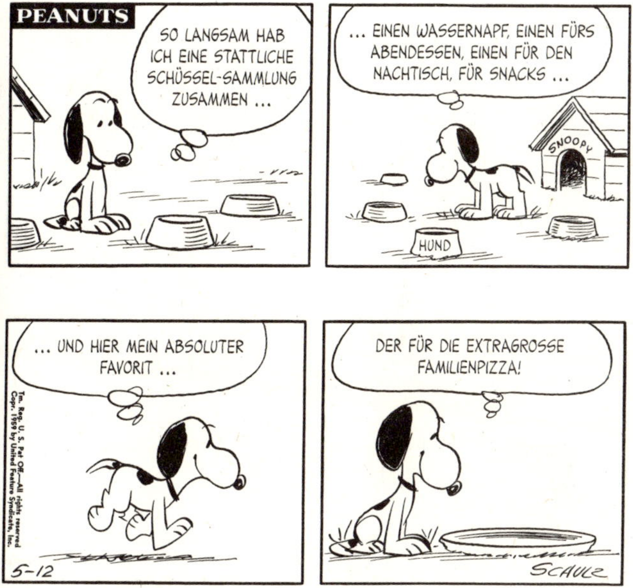
PEANUTS
SO LANGSAM HAB ICH EINE STATTLICHE SCHÜSSEL-SAMMLUNG ZUSAMMEN …
… EINEN WASSERNAPF, EINEN FÜRS ABENDESSEN, EINEN FÜR DEN NACHTISCH, FÜR SNACKS …
SNOOPY
HUND
… UND HIER MEIN ABSOLUTER FAVORIT …
Tm. Reg. U. S. Pat Off.—All rights reserved
Copr. 1959 by United Feature Syndicate, Inc.
5-12
DER FÜR DIE EXTRAGROSSE FAMILIENPIZZA!

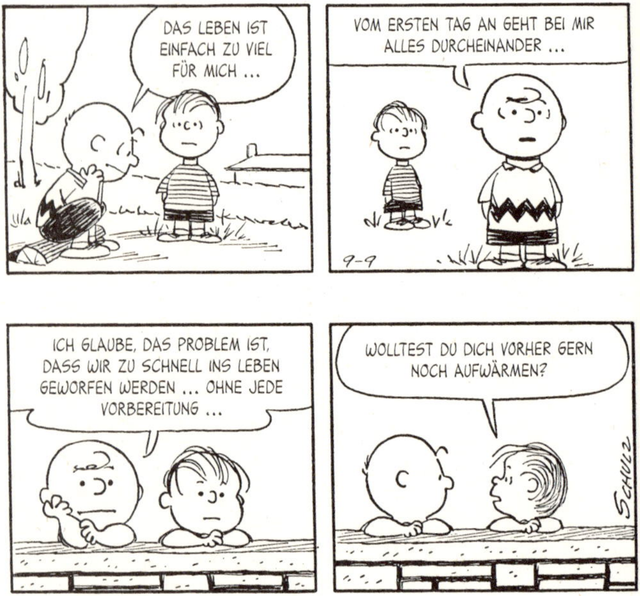
DAS LEBEN IST EINFACH ZU VIEL FÜR MICH …
VOM ERSTEN TAG AN GEHT BEI MIR ALLES DURCHEINANDER …
9-9
ICH GLAUBE, DAS PROBLEM IST, DASS WIR ZU SCHNELL INS LEBEN GEWORFEN WERDEN … OHNE JEDE VORBEREITUNG …
WOLLTEST DU DICH VORHER GERN NOCH AUFWÄRMEN?
SCHULZ

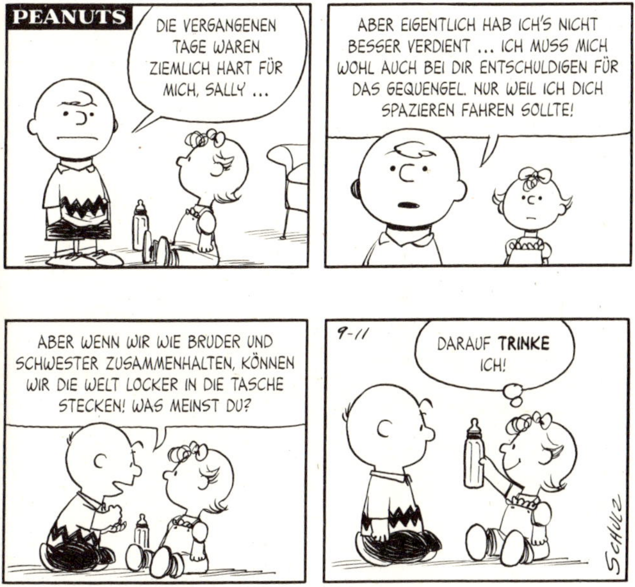
PEANUTS
DIE VERGANGENEN TAGE WAREN ZIEMLICH HART FÜR MICH, SALLY ...
ABER EIGENTLICH HAB ICH'S NICHT BESSER VERDIENT ... ICH MUSS MICH WOHL AUCH BEI DIR ENTSCHULDIGEN FÜR DAS GEQUENGEL. NUR WEIL ICH DICH SPAZIEREN FAHREN SOLLTE!
ABER WENN WIR WIE BRUDER UND SCHWESTER ZUSAMMENHALTEN, KÖNNEN WIR DIE WELT LOCKER IN DIE TASCHE STECKEN! WAS MEINST DU?
9-11
DARAUF **TRINKE** ICH!
SCHULZ

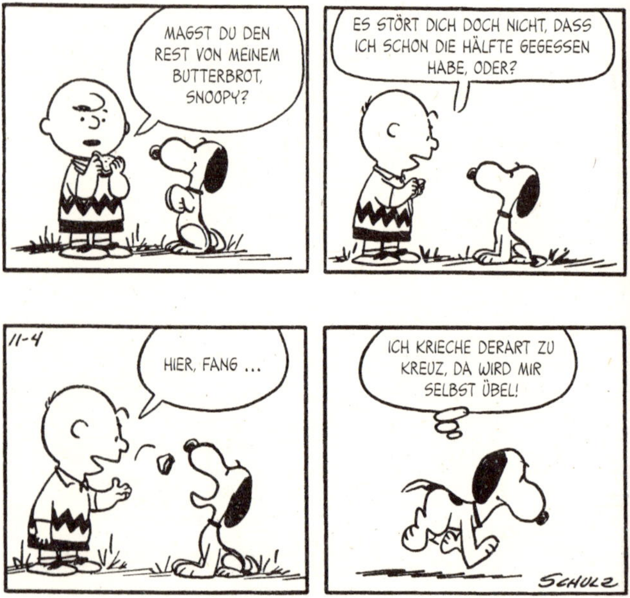
MAGST DU DEN REST VON MEINEM BUTTERBROT, SNOOPY?
ES STÖRT DICH DOCH NICHT, DASS ICH SCHON DIE HÄLFTE GEGESSEN HABE, ODER?
11-4
HIER, FANG ...
ICH KRIECHE DERART ZU KREUZ, DA WIRD MIR SELBST ÜBEL!
SCHULZ

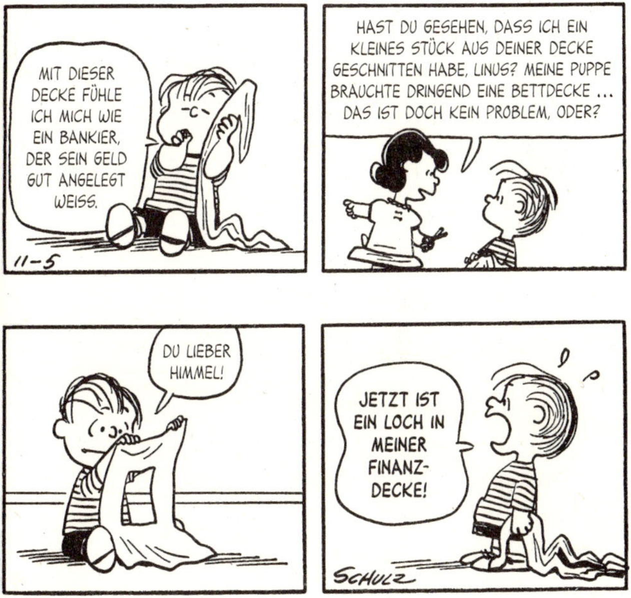
MIT DIESER DECKE FÜHLE ICH MICH WIE EIN BANKIER, DER SEIN GELD GUT ANGELEGT WEISS.
11-5
HAST DU GESEHEN, DASS ICH EIN KLEINES STÜCK AUS DEINER DECKE GESCHNITTEN HABE, LINUS? MEINE PUPPE BRAUCHTE DRINGEND EINE BETTDECKE ... DAS IST DOCH KEIN PROBLEM, ODER?
DU LIEBER HIMMEL!
JETZT IST EIN LOCH IN MEINER FINANZ-DECKE!
SCHULZ

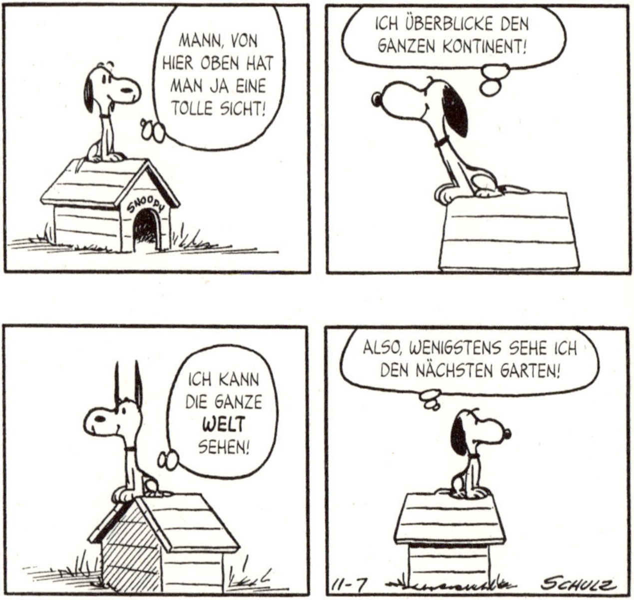
MANN, VON HIER OBEN HAT MAN JA EINE TOLLE SICHT!
SNOOPY
ICH ÜBERBLICKE DEN GANZEN KONTINENT!
ICH KANN DIE GANZE **WELT** SEHEN!
ALSO, WENIGSTENS SEHE ICH DEN NÄCHSTEN GARTEN!
11-7
SCHULZ

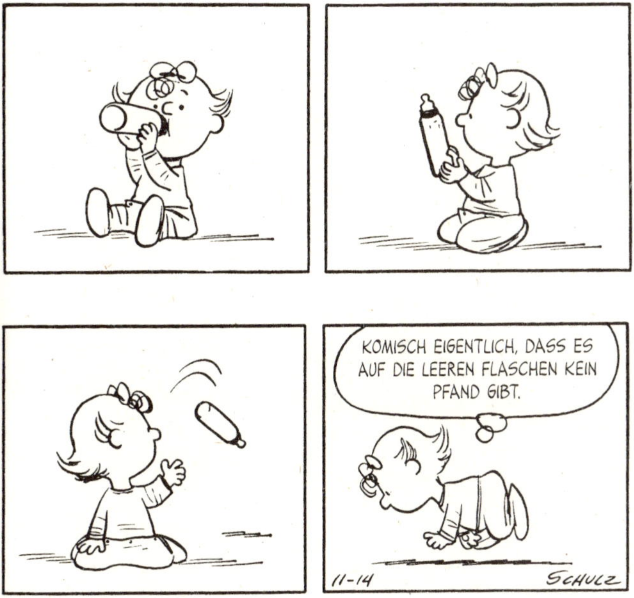
KOMISCH EIGENTLICH, DASS ES AUF DIE LEEREN FLASCHEN KEIN PFAND GIBT.
11-14
SCHULZ

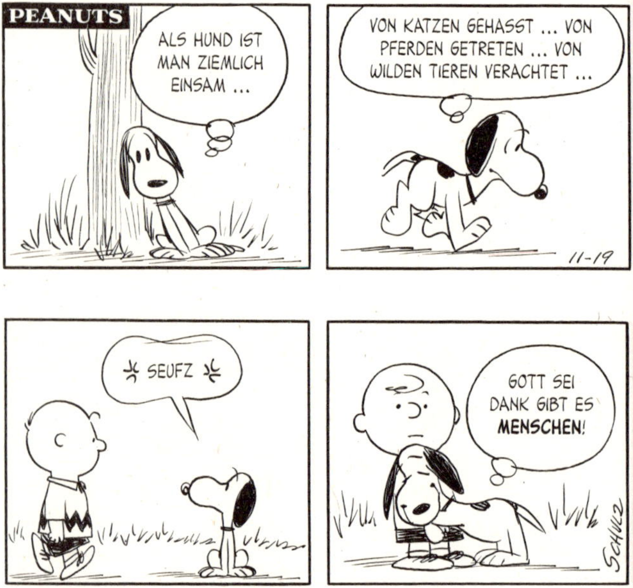
PEANUTS
ALS HUND IST MAN ZIEMLICH EINSAM …
VON KATZEN GEHASST … VON PFERDEN GETRETEN … VON WILDEN TIEREN VERACHTET …
11-19
SEUFZ
GOTT SEI DANK GIBT ES **MENSCHEN**!
SCHULZ

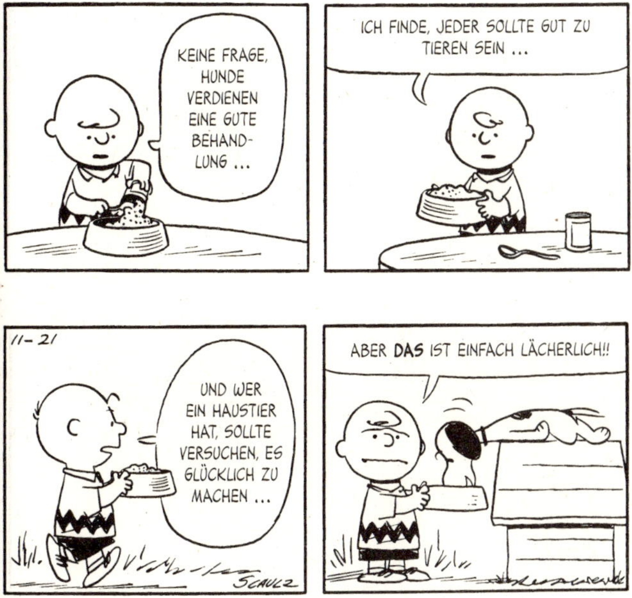
KEINE FRAGE, HUNDE VERDIENEN EINE GUTE BEHAND-LUNG ...
ICH FINDE, JEDER SOLLTE GUT ZU TIEREN SEIN ...
11-21
UND WER EIN HAUSTIER HAT, SOLLTE VERSUCHEN, ES GLÜCKLICH ZU MACHEN ...
SCHULZ
ABER **DAS** IST EINFACH LÄCHERLICH!!

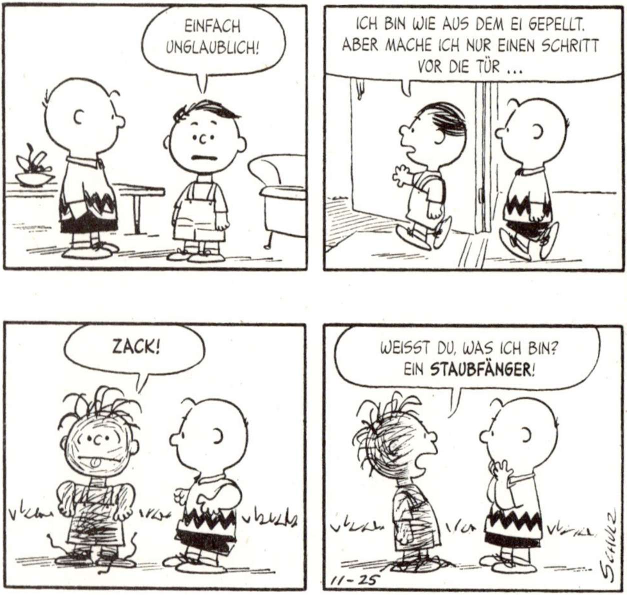
EINFACH UNGLAUBLICH!
ICH BIN WIE AUS DEM EI GEPELLT. ABER MACHE ICH NUR EINEN SCHRITT VOR DIE TÜR …
ZACK!
WEISST DU, WAS ICH BIN? EIN **STAUBFÄNGER**!
11-25
SCHULZ

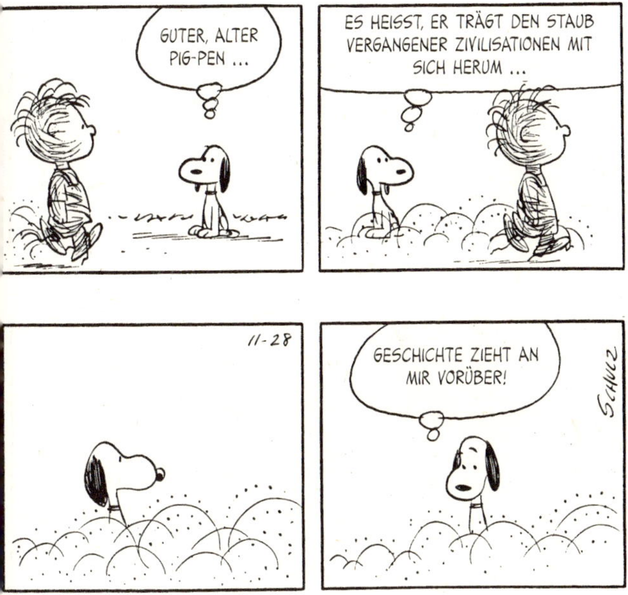
GUTER, ALTER PIG-PEN ...
ES HEISST, ER TRÄGT DEN STAUB VERGANGENER ZIVILISATIONEN MIT SICH HERUM ...
11-28
GESCHICHTE ZIEHT AN MIR VORÜBER!
SCHULZ

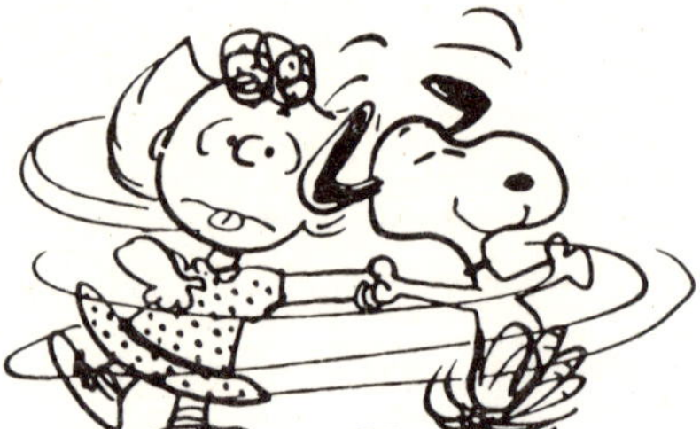

Die 60er

Von unlösbaren Rechenaufgaben, kleinen Selbstzweifeln und abgebrochenen Bleistiftminen

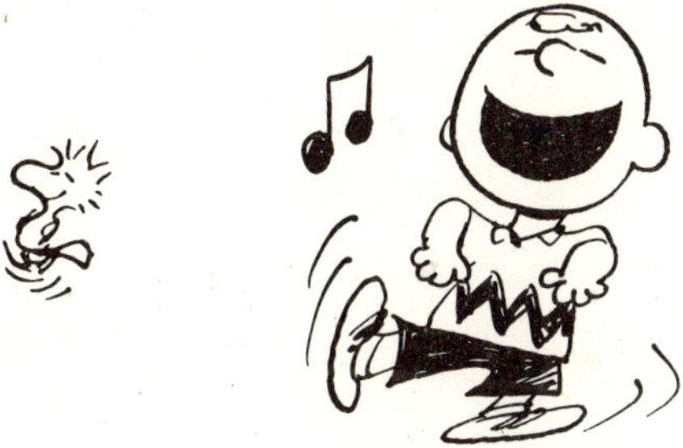

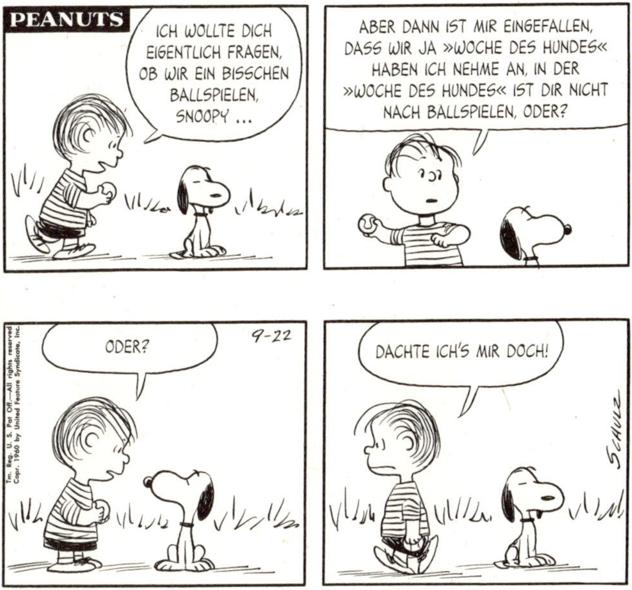
PEANUTS
ICH WOLLTE DICH EIGENTLICH FRAGEN, OB WIR EIN BISSCHEN BALLSPIELEN, SNOOPY ...
ABER DANN IST MIR EINGEFALLEN, DASS WIR JA »WOCHE DES HUNDES« HABEN ICH NEHME AN, IN DER »WOCHE DES HUNDES« IST DIR NICHT NACH BALLSPIELEN, ODER?
Tm. Reg. U. S. Pat Off.—All rights reserved Copr. 1960 by United Feature Syndicate, Inc.
9-22
ODER?
DACHTE ICH'S MIR DOCH!
SCHULZ

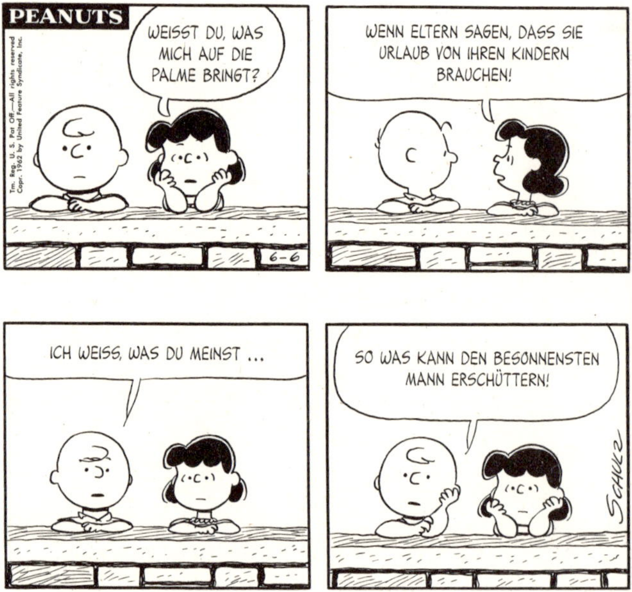
PEANUTS
Tm. Reg. U. S. Pat. Off.—All rights reserved
Copr. 1962 by United Feature Syndicate, Inc.
WEISST DU, WAS MICH AUF DIE PALME BRINGT?
6-6
WENN ELTERN SAGEN, DASS SIE URLAUB VON IHREN KINDERN BRAUCHEN!
ICH WEISS, WAS DU MEINST ...
SO WAS KANN DEN BESONNENSTEN MANN ERSCHÜTTERN!
SCHULZ

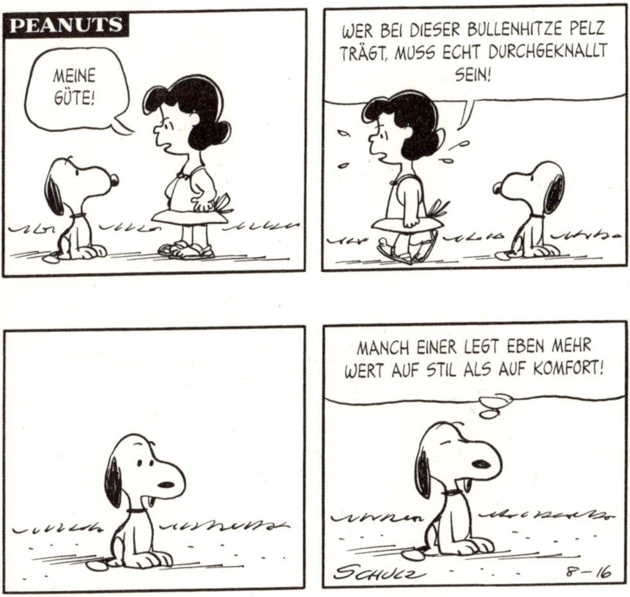
PEANUTS
MEINE GÜTE!
WER BEI DIESER BULLENHITZE PELZ TRÄGT, MUSS ECHT DURCHGEKNALLT SEIN!
MANCH EINER LEGT EBEN MEHR WERT AUF STIL ALS AUF KOMFORT!
SCHULZ
8–16

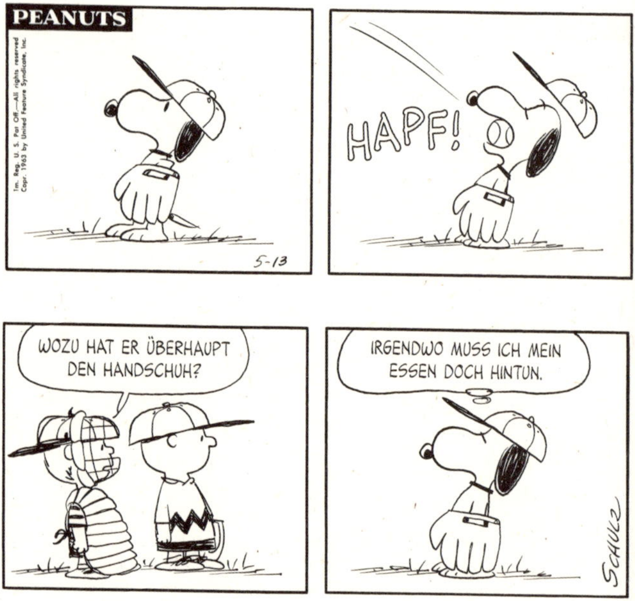
PEANUTS
Tm. Reg. U. S. Pat Off.—All rights reserved
Copr. 1963 by United Feature Syndicate, Inc.
5-13
HAPF!
WOZU HAT ER ÜBERHAUPT DEN HANDSCHUH?
IRGENDWO MUSS ICH MEIN ESSEN DOCH HINTUN.
SCHULZ

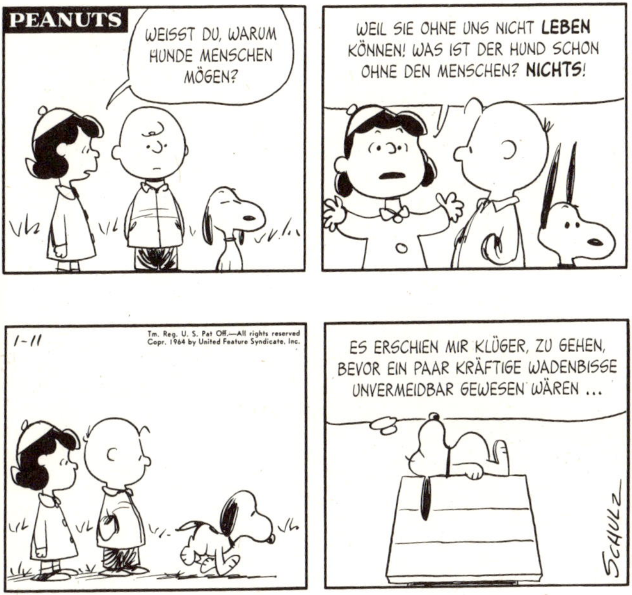
PEANUTS
WEISST DU, WARUM HUNDE MENSCHEN MÖGEN?
WEIL SIE OHNE UNS NICHT **LEBEN** KÖNNEN! WAS IST DER HUND SCHON OHNE DEN MENSCHEN? **NICHTS**!
1-11
Tm. Reg. U. S. Pat Off.—All rights reserved Copr. 1964 by United Feature Syndicate, Inc.
ES ERSCHIEN MIR KLÜGER, ZU GEHEN, BEVOR EIN PAAR KRÄFTIGE WADENBISSE UNVERMEIDBAR GEWESEN WÄREN ...
SCHULZ

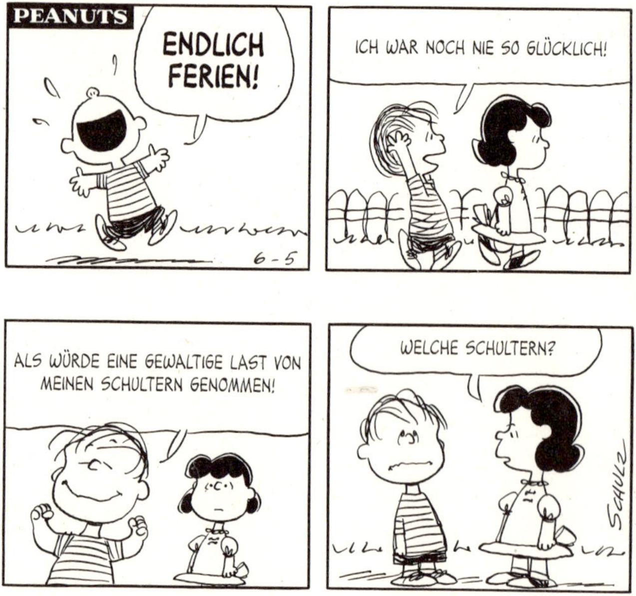
PEANUTS
ENDLICH FERIEN!
6-5
ICH WAR NOCH NIE SO GLÜCKLICH!
ALS WÜRDE EINE GEWALTIGE LAST VON MEINEN SCHULTERN GENOMMEN!
WELCHE SCHULTERN?
SCHULZ

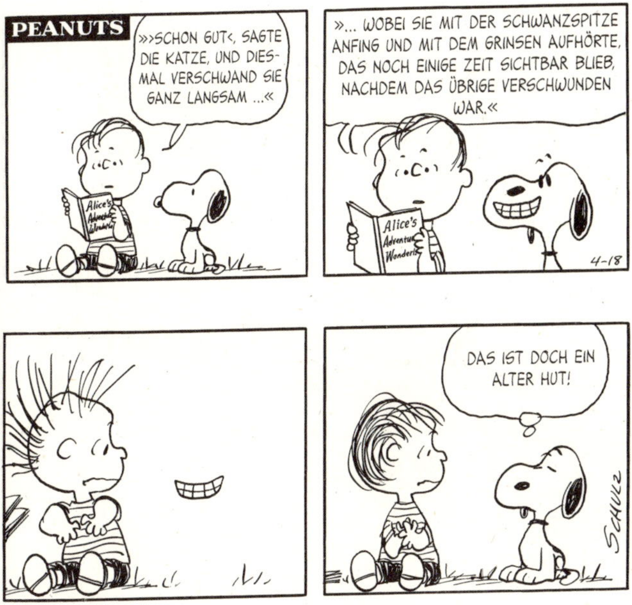
PEANUTS
»›SCHON GUT‹, SAGTE DIE KATZE, UND DIESMAL VERSCHWAND SIE GANZ LANGSAM ...«
Alice's Adventures in Wonderland
»... WOBEI SIE MIT DER SCHWANZSPITZE ANFING UND MIT DEM GRINSEN AUFHÖRTE, DAS NOCH EINIGE ZEIT SICHTBAR BLIEB, NACHDEM DAS ÜBRIGE VERSCHWUNDEN WAR.«
4-18
DAS IST DOCH EIN ALTER HUT!
SCHULZ

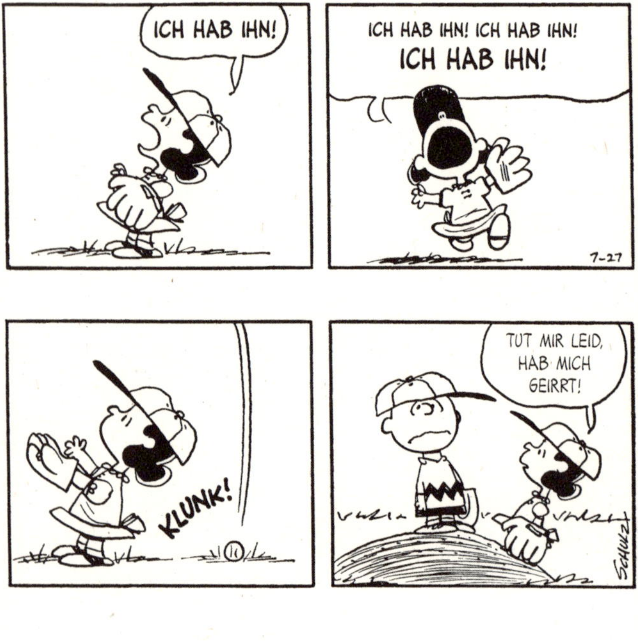
ICH HAB IHN!
ICH HAB IHN! ICH HAB IHN!
ICH HAB IHN!
7-27
KLUNK!
TUT MIR LEID, HAB MICH GEIRRT!
SCHULZ

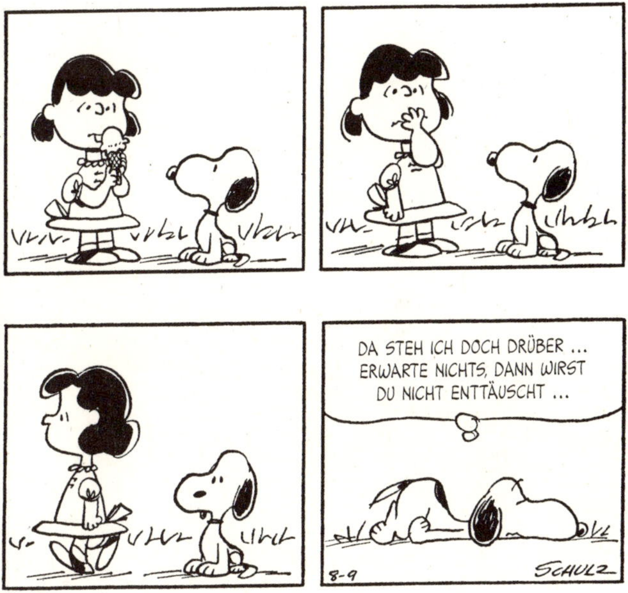
DA STEH ICH DOCH DRÜBER ...
ERWARTE NICHTS, DANN WIRST
DU NICHT ENTTÄUSCHT ...
8-9
SCHULZ

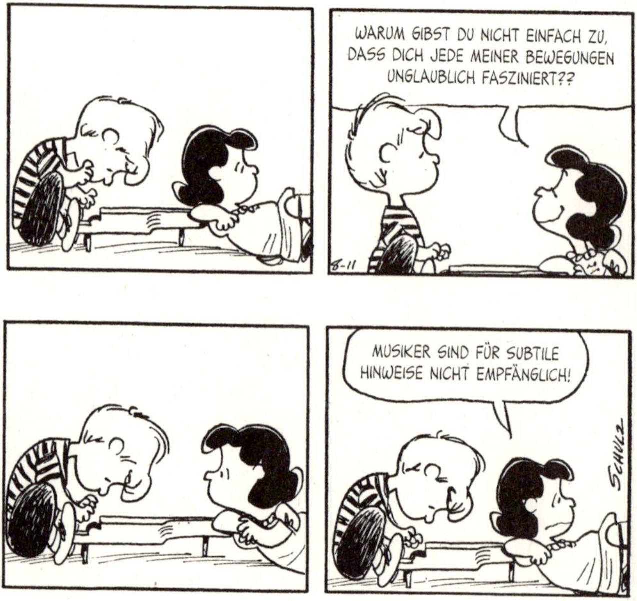
WARUM GIBST DU NICHT EINFACH ZU, DASS DICH JEDE MEINER BEWEGUNGEN UNGLAUBLICH FASZINIERT??
MUSIKER SIND FÜR SUBTILE HINWEISE NICHT EMPFÄNGLICH!
SCHULZ

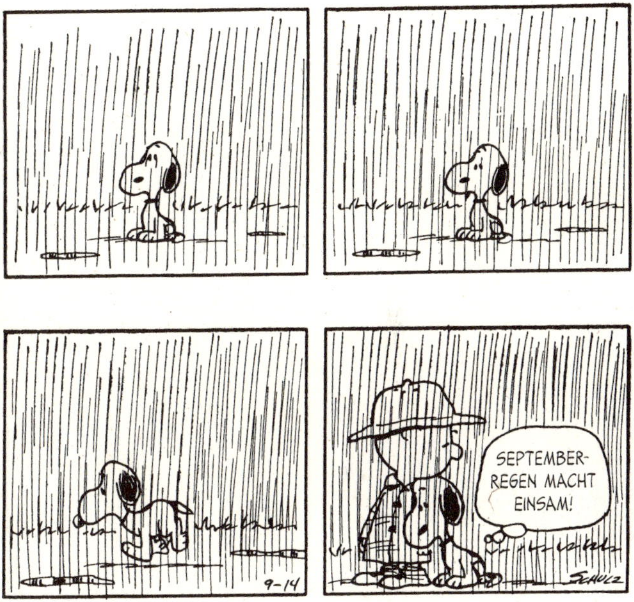
9-14
SEPTEMBER-REGEN MACHT EINSAM!
SCHULZ

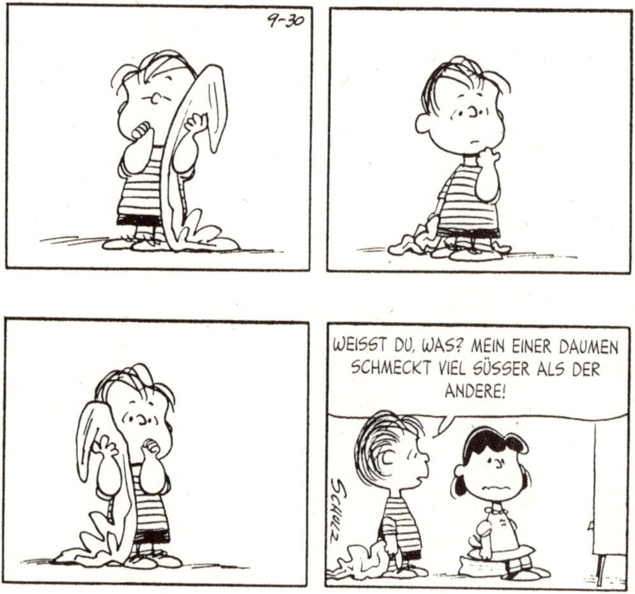
9-30
WEISST DU, WAS? MEIN EINER DAUMEN SCHMECKT VIEL SÜSSER ALS DER ANDERE!
SCHULZ

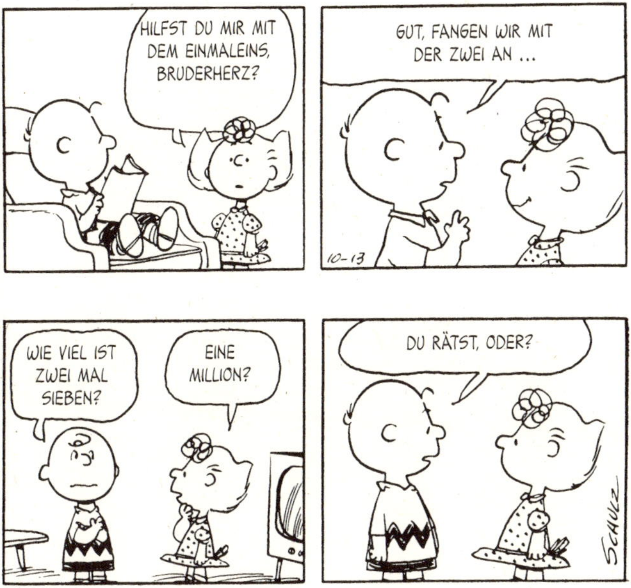
HILFST DU MIR MIT DEM EINMALEINS, BRUDERHERZ?
GUT, FANGEN WIR MIT DER ZWEI AN ...
10-13
WIE VIEL IST ZWEI MAL SIEBEN?
EINE MILLION?
DU RÄTST, ODER?
SCHULZ

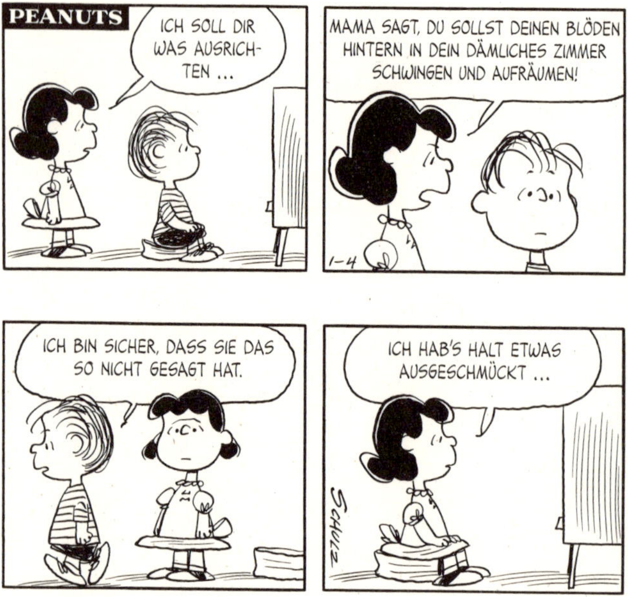
PEANUTS
ICH SOLL DIR WAS AUSRICH-TEN ...
MAMA SAGT, DU SOLLST DEINEN BLÖDEN HINTERN IN DEIN DÄMLICHES ZIMMER SCHWINGEN UND AUFRÄUMEN!
1-4
ICH BIN SICHER, DASS SIE DAS SO NICHT GESAGT HAT.
ICH HAB'S HALT ETWAS AUSGESCHMÜCKT ...
SCHULZ

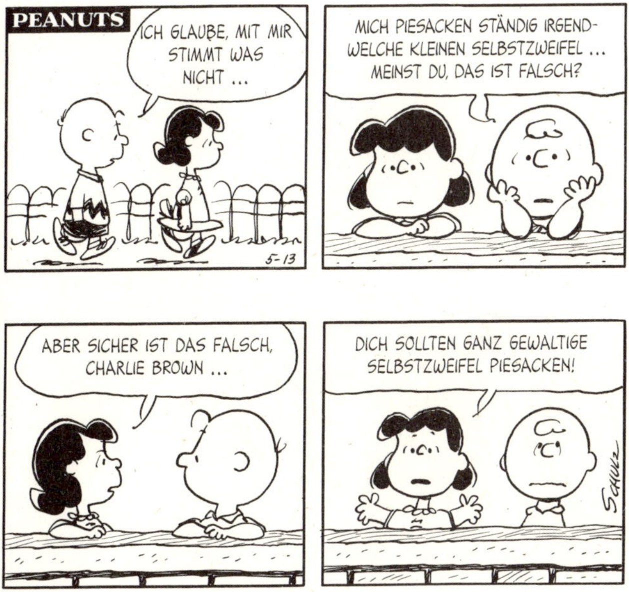
PEANUTS
ICH GLAUBE, MIT MIR STIMMT WAS NICHT ...
5-13
MICH PIESACKEN STÄNDIG IRGENDWELCHE KLEINEN SELBSTZWEIFEL ... MEINST DU, DAS IST FALSCH?
ABER SICHER IST DAS FALSCH, CHARLIE BROWN ...
DICH SOLLTEN GANZ GEWALTIGE SELBSTZWEIFEL PIESACKEN!
SCHULZ

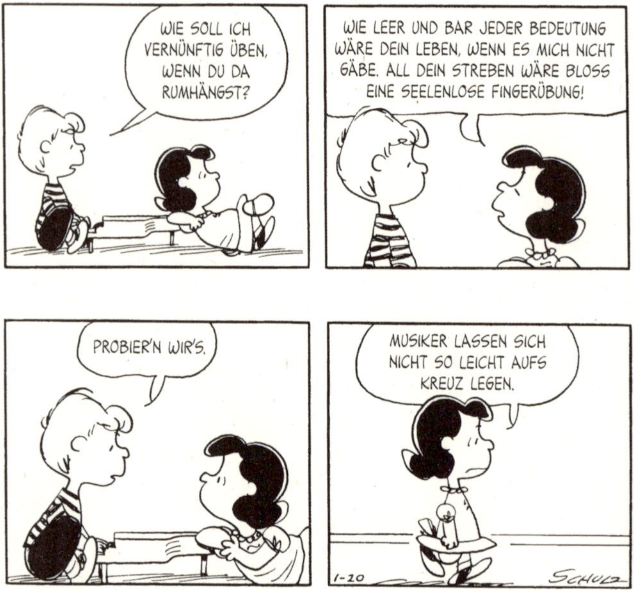
WIE SOLL ICH VERNÜNFTIG ÜBEN, WENN DU DA RUMHÄNGST?
WIE LEER UND BAR JEDER BEDEUTUNG WÄRE DEIN LEBEN, WENN ES MICH NICHT GÄBE. ALL DEIN STREBEN WÄRE BLOSS EINE SEELENLOSE FINGERÜBUNG!
PROBIER'N WIR'S.
MUSIKER LASSEN SICH NICHT SO LEICHT AUFS KREUZ LEGEN.
1-20
SCHULZ

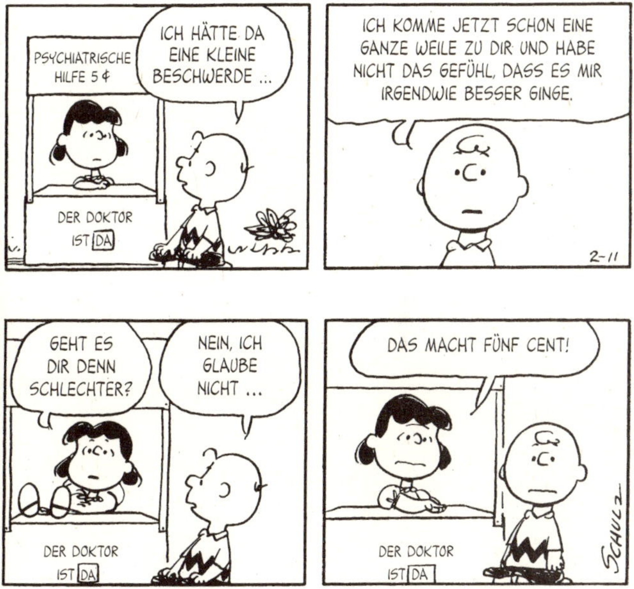
PSYCHIATRISCHE HILFE 5 ¢
ICH HÄTTE DA EINE KLEINE BESCHWERDE ...
DER DOKTOR IST DA
ICH KOMME JETZT SCHON EINE GANZE WEILE ZU DIR UND HABE NICHT DAS GEFÜHL, DASS ES MIR IRGENDWIE BESSER GINGE.
2-11
GEHT ES DIR DENN SCHLECHTER?
NEIN, ICH GLAUBE NICHT ...
DER DOKTOR IST DA
DAS MACHT FÜNF CENT!
DER DOKTOR IST DA
SCHULZ

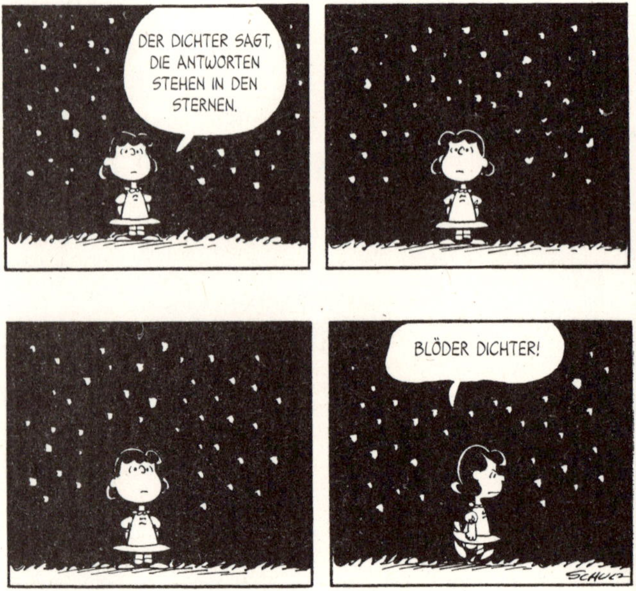
DER DICHTER SAGT, DIE ANTWORTEN STEHEN IN DEN STERNEN.
BLÖDER DICHTER!
SCHULZ

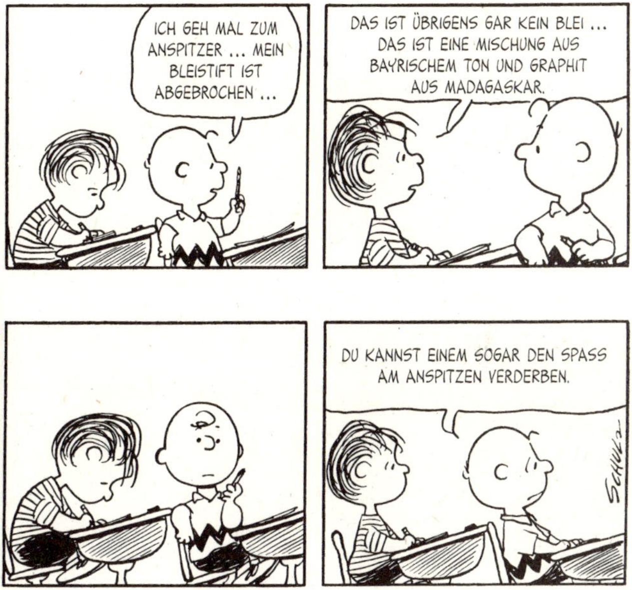
ICH GEH MAL ZUM ANSPITZER ... MEIN BLEISTIFT IST ABGEBROCHEN ...
DAS IST ÜBRIGENS GAR KEIN BLEI ... DAS IST EINE MISCHUNG AUS BAYRISCHEM TON UND GRAPHIT AUS MADAGASKAR.
DU KANNST EINEM SOGAR DEN SPASS AM ANSPITZEN VERDERBEN.
SCHULZ

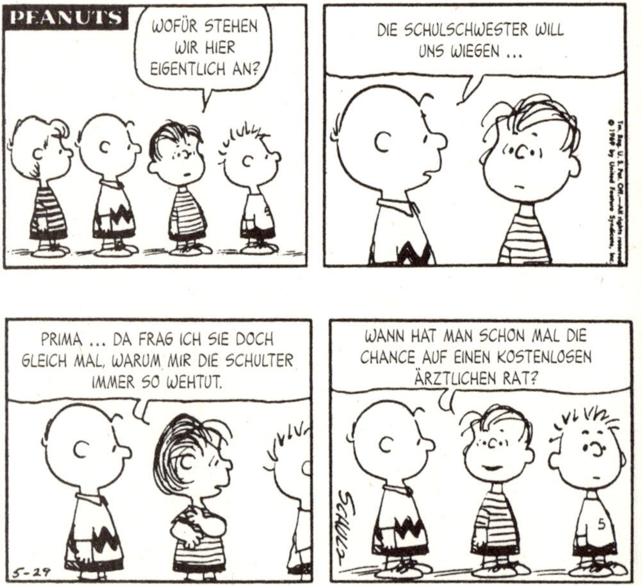
PEANUTS
WOFÜR STEHEN WIR HIER EIGENTLICH AN?
DIE SCHULSCHWESTER WILL UNS WIEGEN ...
Tm. Reg. U.S. Pat. Off.—All rights reserved © 1969 by United Feature Syndicate, Inc.
PRIMA ... DA FRAG ICH SIE DOCH GLEICH MAL, WARUM MIR DIE SCHULTER IMMER SO WEHTUT.
5-29
WANN HAT MAN SCHON MAL DIE CHANCE AUF EINEN KOSTENLOSEN ÄRZTLICHEN RAT?
SCHULZ
5

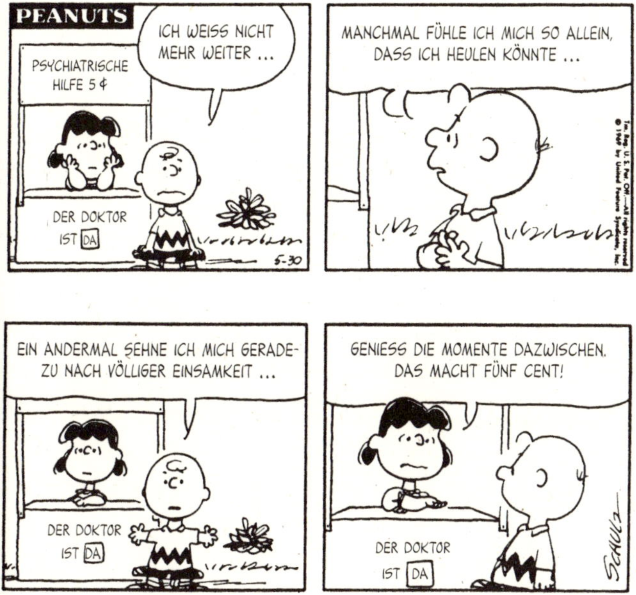
PEANUTS
PSYCHIATRISCHE HILFE 5 ¢
ICH WEISS NICHT MEHR WEITER …
DER DOKTOR IST DA
5-30
MANCHMAL FÜHLE ICH MICH SO ALLEIN, DASS ICH HEULEN KÖNNTE …
Tm. Reg. U.S. Pat. Off.—All rights reserved © 1969 by United Feature Syndicate, Inc.
EIN ANDERMAL SEHNE ICH MICH GERADE-ZU NACH VÖLLIGER EINSAMKEIT …
DER DOKTOR IST DA
GENIESS DIE MOMENTE DAZWISCHEN. DAS MACHT FÜNF CENT!
DER DOKTOR IST DA
SCHULZ

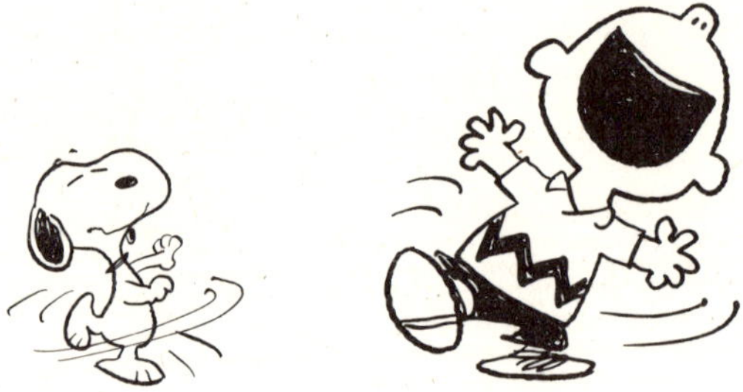

Die 70er

Von dramatischen Abgängen, mütterlichen Ratschlägen und dem Geschmack von Möhrenstreifen

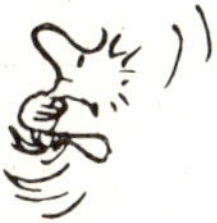

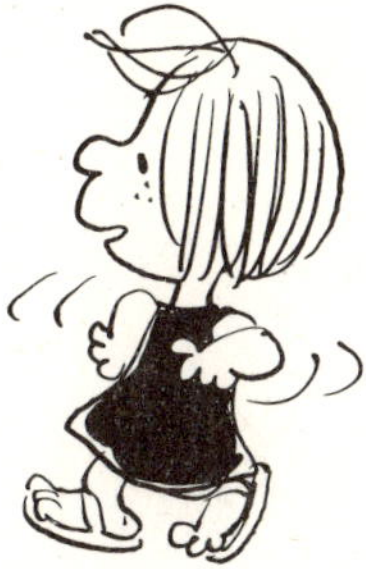

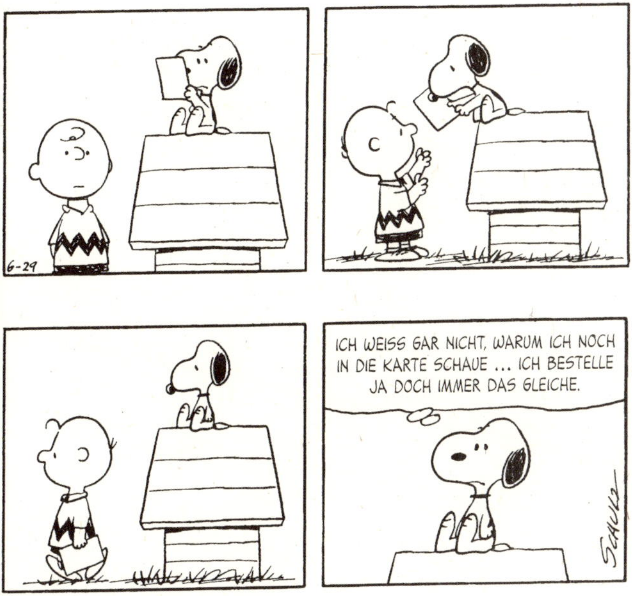
6-29
ICH WEISS GAR NICHT, WARUM ICH NOCH IN DIE KARTE SCHAUE ... ICH BESTELLE JA DOCH IMMER DAS GLEICHE.
SCHULZ

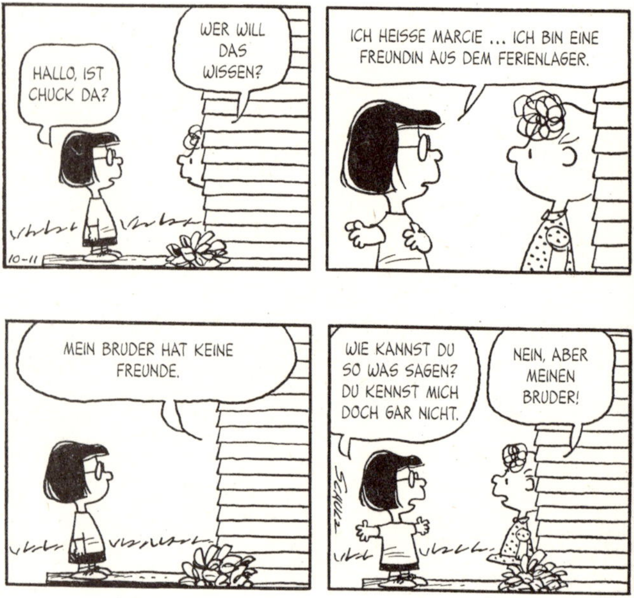
HALLO, IST CHUCK DA?
WER WILL DAS WISSEN?
10-11
ICH HEISSE MARCIE ... ICH BIN EINE FREUNDIN AUS DEM FERIENLAGER.
MEIN BRUDER HAT KEINE FREUNDE.
WIE KANNST DU SO WAS SAGEN? DU KENNST MICH DOCH GAR NICHT.
NEIN, ABER MEINEN BRUDER!
SCHULZ

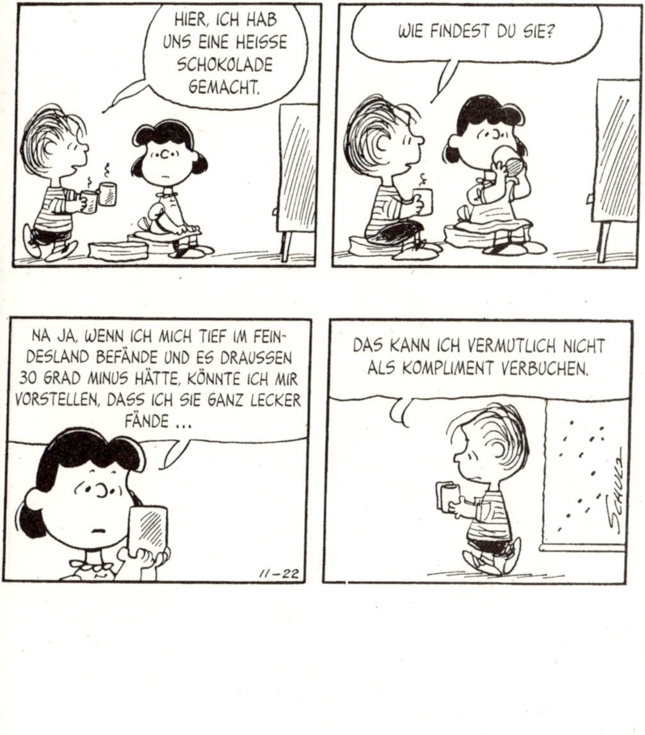
HIER, ICH HAB UNS EINE HEISSE SCHOKOLADE GEMACHT.
WIE FINDEST DU SIE?
NA JA, WENN ICH MICH TIEF IM FEINDESLAND BEFÄNDE UND ES DRAUSSEN 30 GRAD MINUS HÄTTE, KÖNNTE ICH MIR VORSTELLEN, DASS ICH SIE GANZ LECKER FÄNDE ...
11-22
DAS KANN ICH VERMUTLICH NICHT ALS KOMPLIMENT VERBUCHEN.
SCHULZ

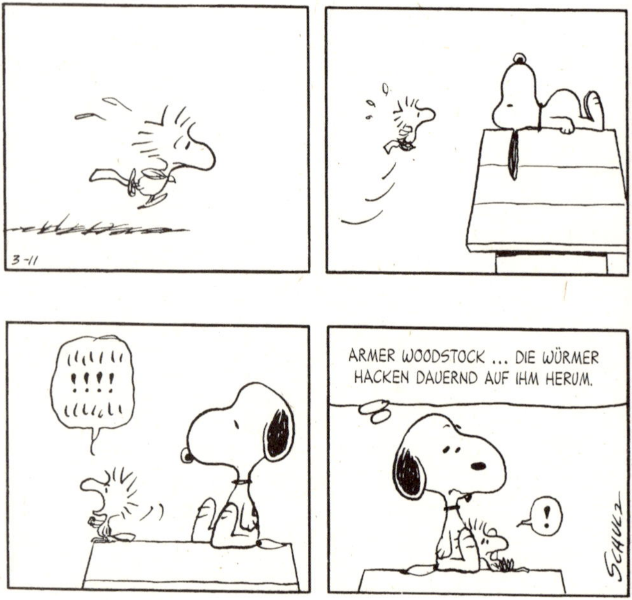
3-11
!!!!
!
ARMER WOODSTOCK ... DIE WÜRMER HACKEN DAUERND AUF IHM HERUM.
SCHULZ

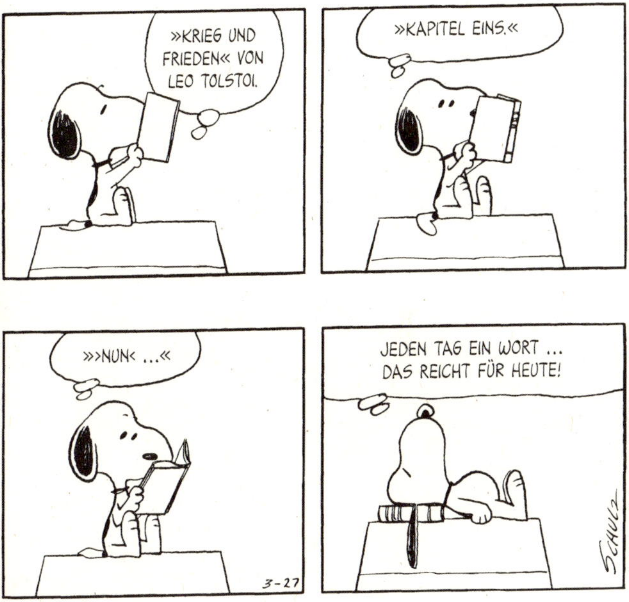
»KRIEG UND FRIEDEN« VON LEO TOLSTOI.
»KAPITEL EINS.«
»›NUN‹ ...«
3-27
JEDEN TAG EIN WORT ... DAS REICHT FÜR HEUTE!
SCHULZ

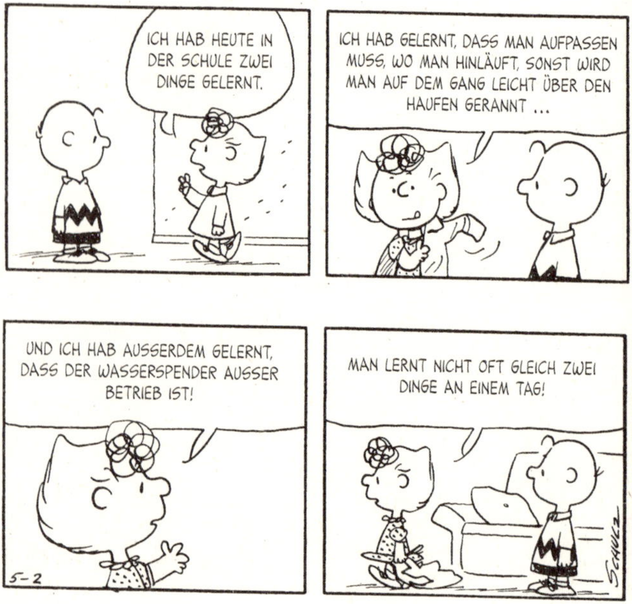
ICH HAB HEUTE IN DER SCHULE ZWEI DINGE GELERNT.
ICH HAB GELERNT, DASS MAN AUFPASSEN MUSS, WO MAN HINLÄUFT, SONST WIRD MAN AUF DEM GANG LEICHT ÜBER DEN HAUFEN GERANNT ...
UND ICH HAB AUSSERDEM GELERNT, DASS DER WASSERSPENDER AUSSER BETRIEB IST!
5-2
MAN LERNT NICHT OFT GLEICH ZWEI DINGE AN EINEM TAG!
SCHULZ

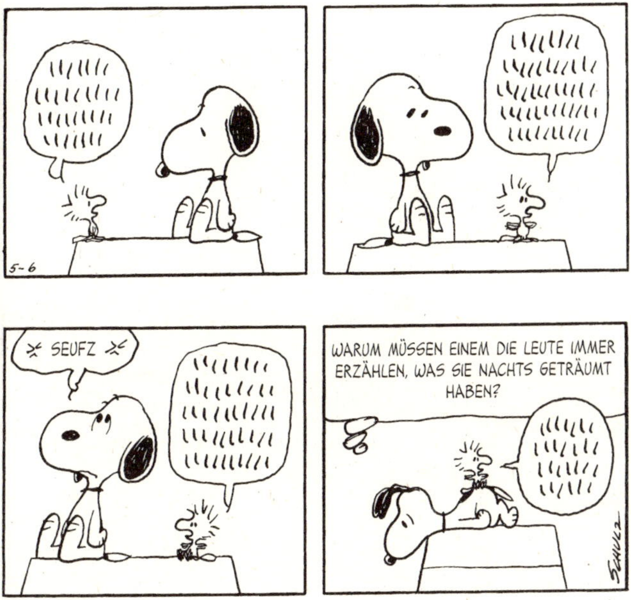
5-6
SEUFZ
WARUM MÜSSEN EINEM DIE LEUTE IMMER ERZÄHLEN, WAS SIE NACHTS GETRÄUMT HABEN?
SCHULZ

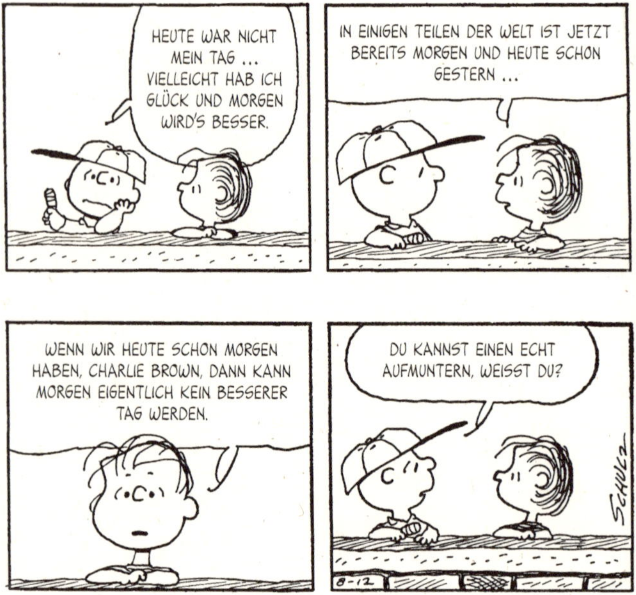
HEUTE WAR NICHT MEIN TAG ... VIELLEICHT HAB ICH GLÜCK UND MORGEN WIRD'S BESSER.
IN EINIGEN TEILEN DER WELT IST JETZT BEREITS MORGEN UND HEUTE SCHON GESTERN ...
WENN WIR HEUTE SCHON MORGEN HABEN, CHARLIE BROWN, DANN KANN MORGEN EIGENTLICH KEIN BESSERER TAG WERDEN.
DU KANNST EINEN ECHT AUFMUNTERN, WEISST DU?
SCHULZ
8-12

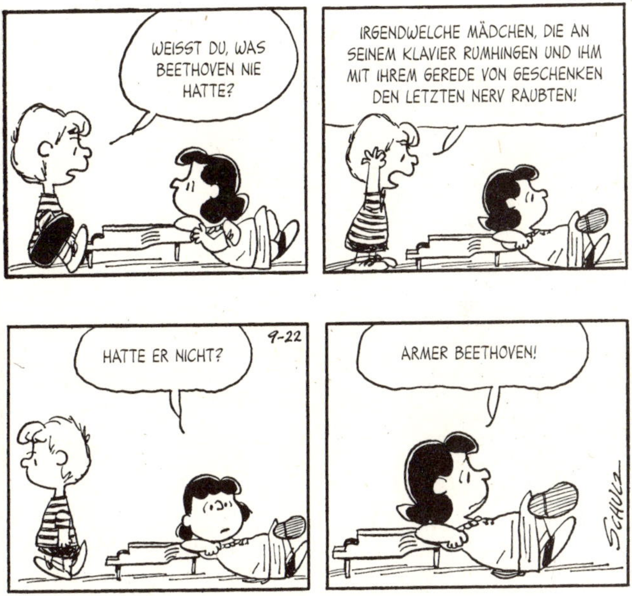
WEISST DU, WAS BEETHOVEN NIE HATTE?
IRGENDWELCHE MÄDCHEN, DIE AN SEINEM KLAVIER RUMHINGEN UND IHM MIT IHREM GEREDE VON GESCHENKEN DEN LETZTEN NERV RAUBTEN!
9-22
HATTE ER NICHT?
ARMER BEETHOVEN!
SCHULZ

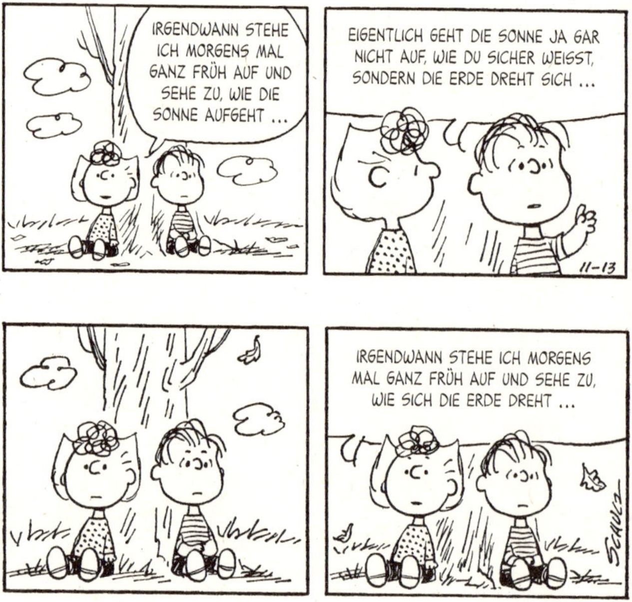
IRGENDWANN STEHE ICH MORGENS MAL GANZ FRÜH AUF UND SEHE ZU, WIE DIE SONNE AUFGEHT ...
EIGENTLICH GEHT DIE SONNE JA GAR NICHT AUF, WIE DU SICHER WEISST, SONDERN DIE ERDE DREHT SICH ...
11-13
IRGENDWANN STEHE ICH MORGENS MAL GANZ FRÜH AUF UND SEHE ZU, WIE SICH DIE ERDE DREHT ...
SCHULZ

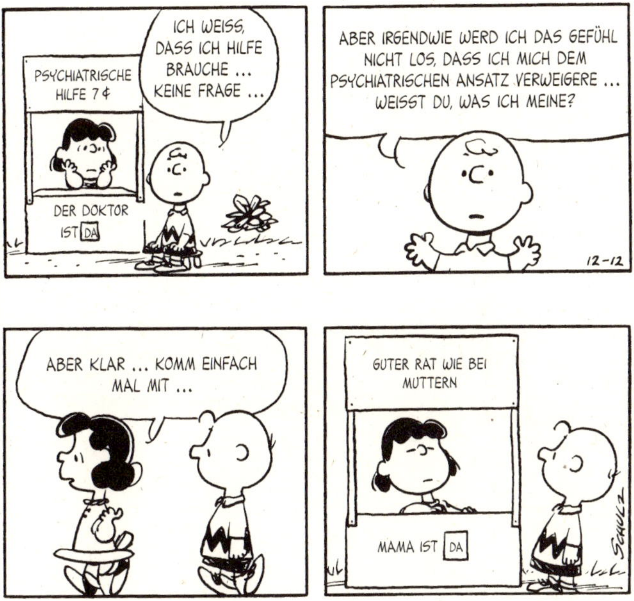
PSYCHIATRISCHE HILFE 7 ¢
DER DOKTOR IST DA
ICH WEISS, DASS ICH HILFE BRAUCHE ... KEINE FRAGE ...
ABER IRGENDWIE WERD ICH DAS GEFÜHL NICHT LOS, DASS ICH MICH DEM PSYCHIATRISCHEN ANSATZ VERWEIGERE ... WEISST DU, WAS ICH MEINE?
12-12
ABER KLAR ... KOMM EINFACH MAL MIT ...
GUTER RAT WIE BEI MUTTERN
MAMA IST DA
SCHULZ

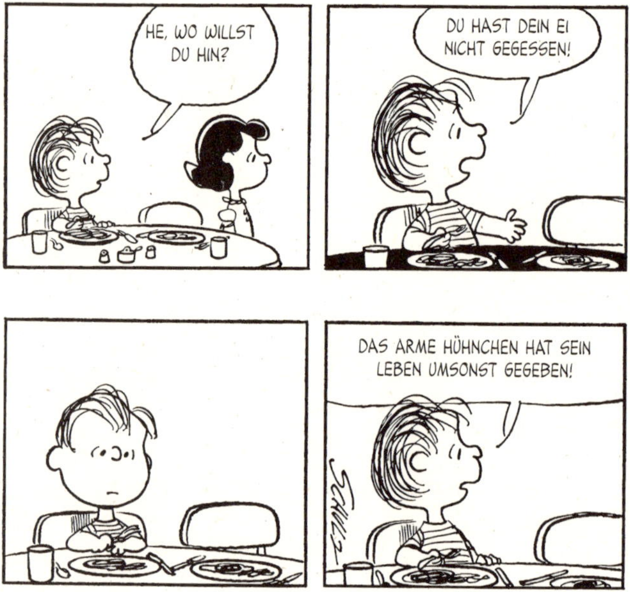
HE, WO WILLST DU HIN?
DU HAST DEIN EI NICHT GEGESSEN!
DAS ARME HÜHNCHEN HAT SEIN LEBEN UMSONST GEGEBEN!
SCHULZ

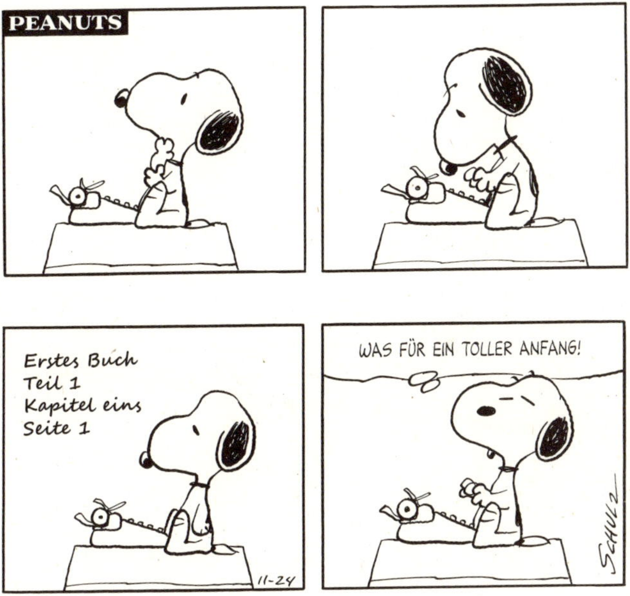
PEANUTS
Erstes Buch
Teil 1
Kapitel eins
Seite 1
11-24
WAS FÜR EIN TOLLER ANFANG!
SCHULZ

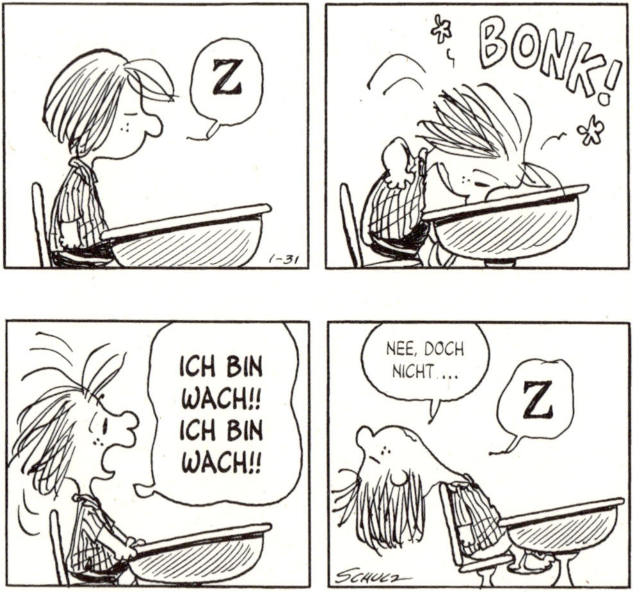
Z
BONK!
ICH BIN WACH!! ICH BIN WACH!!
NEE, DOCH NICHT....
Z
SCHULZ

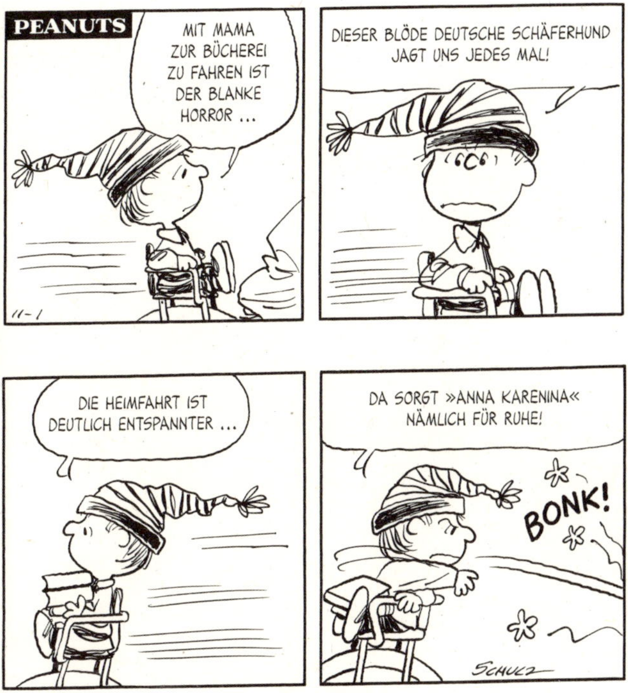
PEANUTS
MIT MAMA ZUR BÜCHEREI ZU FAHREN IST DER BLANKE HORROR ...
DIESER BLÖDE DEUTSCHE SCHÄFERHUND JAGT UNS JEDES MAL!
DIE HEIMFAHRT IST DEUTLICH ENTSPANNTER ...
DA SORGT »ANNA KARENINA« NÄMLICH FÜR RUHE!
BONK!
SCHULZ

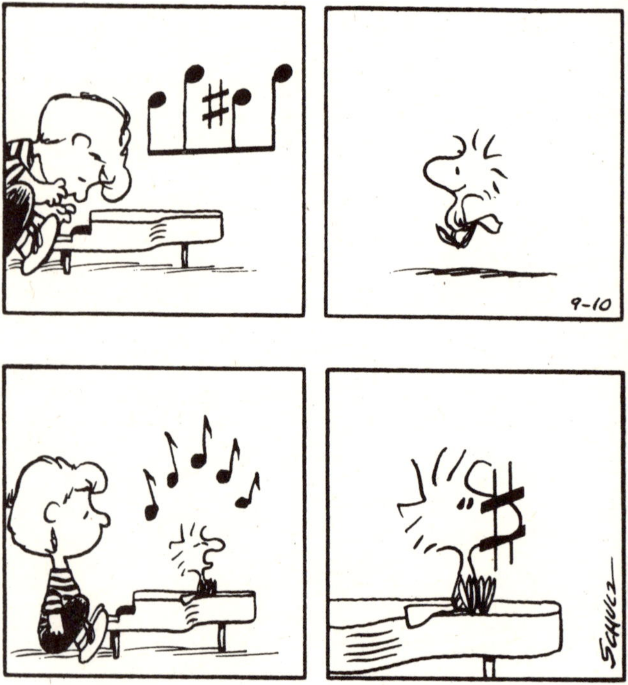
9-10
SCHULZ

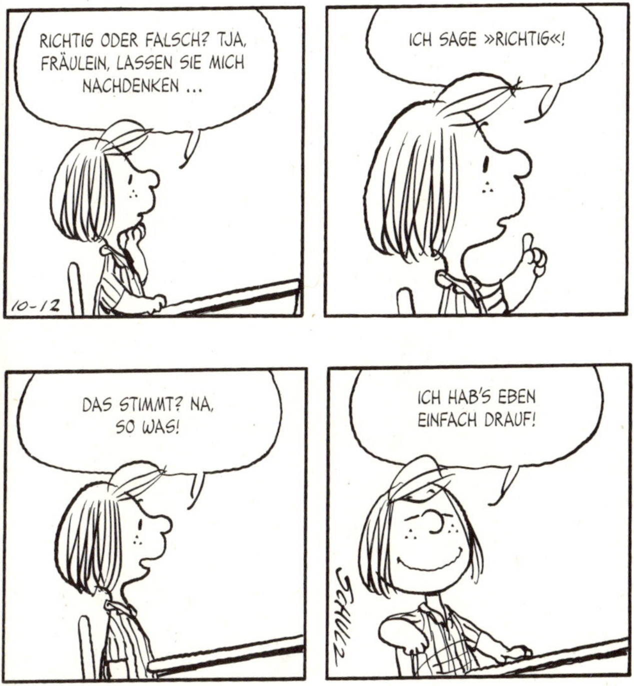
RICHTIG ODER FALSCH? TJA, FRÄULEIN, LASSEN SIE MICH NACHDENKEN ...
10-12
ICH SAGE »RICHTIG«!
DAS STIMMT? NA, SO WAS!
ICH HAB'S EBEN EINFACH DRAUF!
SCHULZ

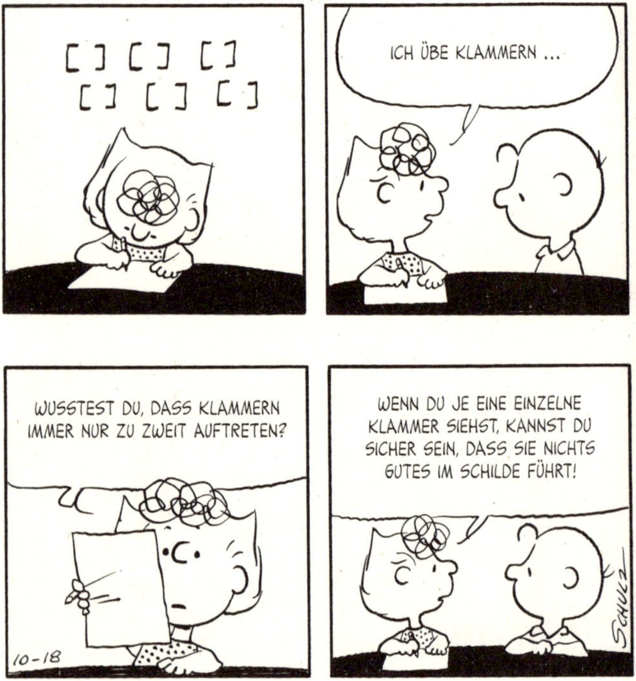
[ ] [ ] [ ]
[ ] [ ] [ ]
ICH ÜBE KLAMMERN ...
WUSSTEST DU, DASS KLAMMERN IMMER NUR ZU ZWEIT AUFTRETEN?
10-18
WENN DU JE EINE EINZELNE KLAMMER SIEHST, KANNST DU SICHER SEIN, DASS SIE NICHTS GUTES IM SCHILDE FÜHRT!
SCHULZ

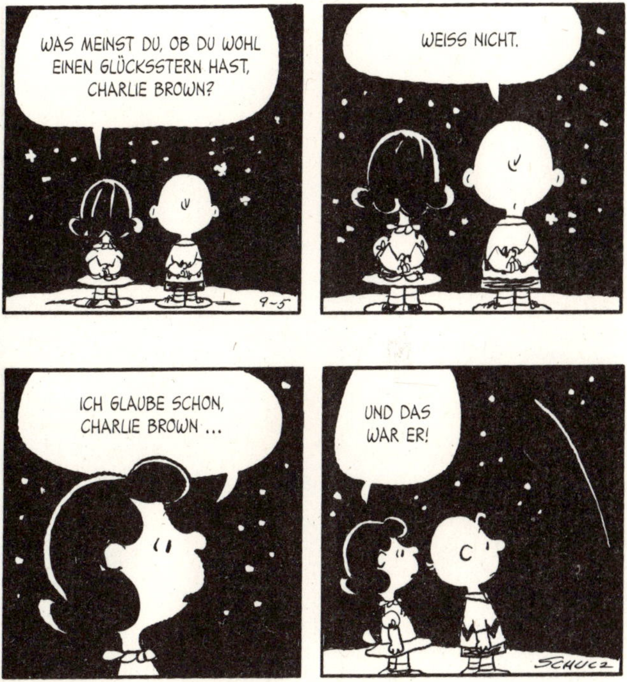
WAS MEINST DU, OB DU WOHL EINEN GLÜCKSSTERN HAST, CHARLIE BROWN?
9-5
WEISS NICHT.
ICH GLAUBE SCHON, CHARLIE BROWN ...
UND DAS WAR ER!
SCHULZ

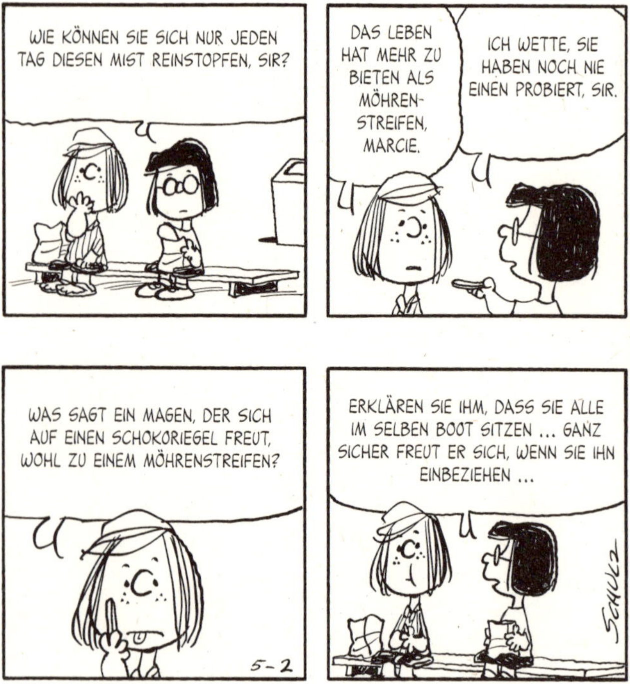
WIE KÖNNEN SIE SICH NUR JEDEN TAG DIESEN MIST REINSTOPFEN, SIR?
DAS LEBEN HAT MEHR ZU BIETEN ALS MÖHREN-STREIFEN, MARCIE.
ICH WETTE, SIE HABEN NOCH NIE EINEN PROBIERT, SIR.
WAS SAGT EIN MAGEN, DER SICH AUF EINEN SCHOKORIEGEL FREUT, WOHL ZU EINEM MÖHRENSTREIFEN?
5-2
ERKLÄREN SIE IHM, DASS SIE ALLE IM SELBEN BOOT SITZEN ... GANZ SICHER FREUT ER SICH, WENN SIE IHN EINBEZIEHEN ...
SCHULZ

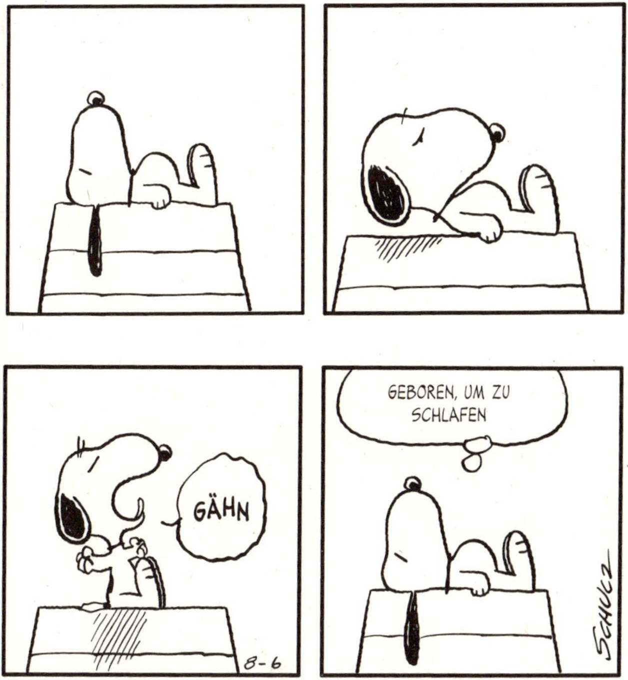
GÄHN
GEBOREN, UM ZU SCHLAFEN
8-6
SCHULZ

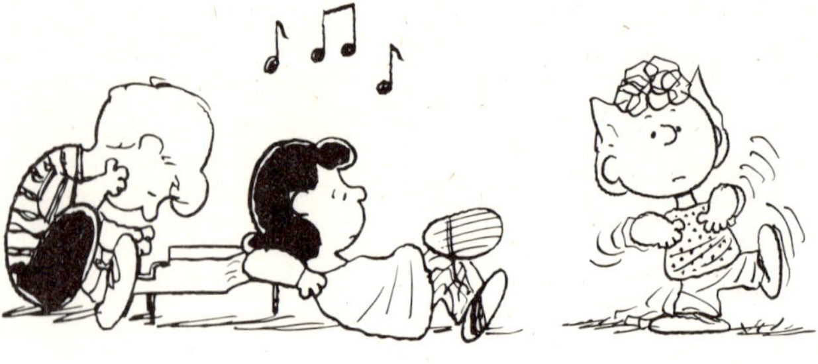

Die 80er

Von letzten Schokokeksen,
verregneten Spieltagen und Panikattacken
im Unterricht

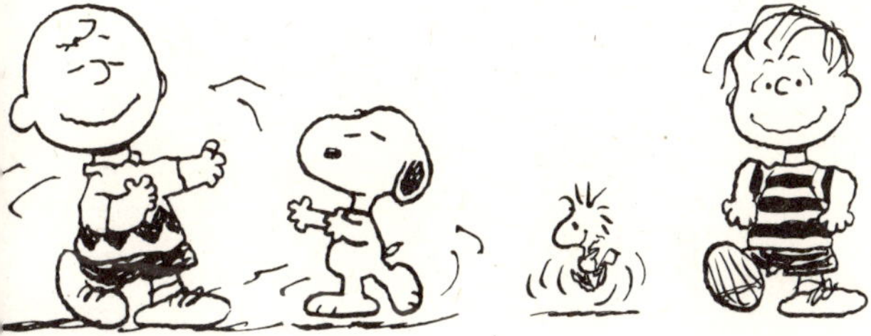

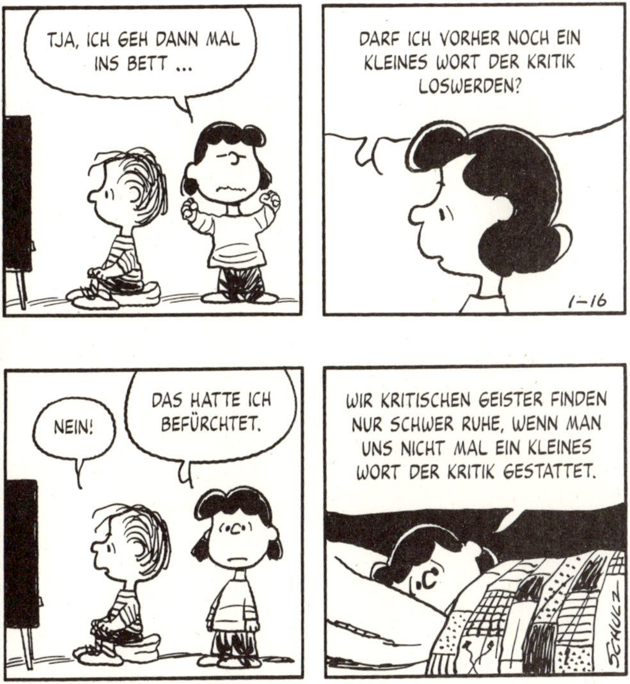
TJA, ICH GEH DANN MAL INS BETT ...
DARF ICH VORHER NOCH EIN KLEINES WORT DER KRITIK LOSWERDEN?
1-16
NEIN!
DAS HATTE ICH BEFÜRCHTET.
WIR KRITISCHEN GEISTER FINDEN NUR SCHWER RUHE, WENN MAN UNS NICHT MAL EIN KLEINES WORT DER KRITIK GESTATTET.
SCHULZ

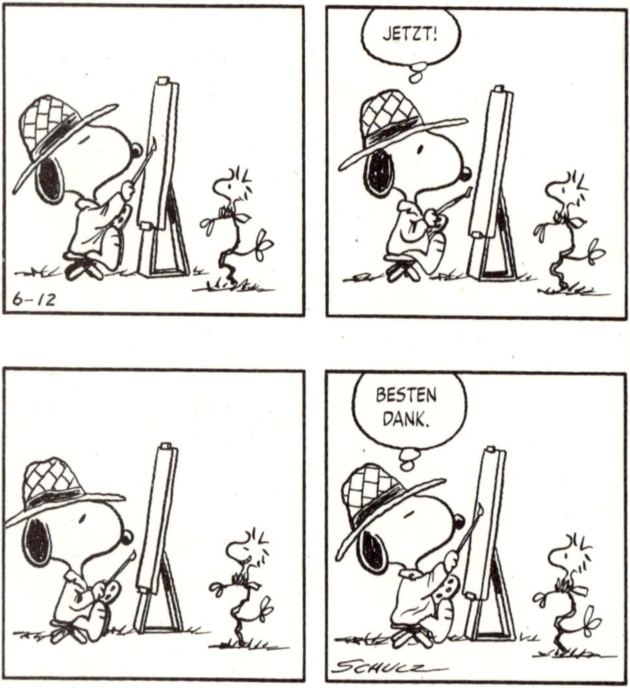
6-12
JETZT!
BESTEN DANK.
SCHULZ

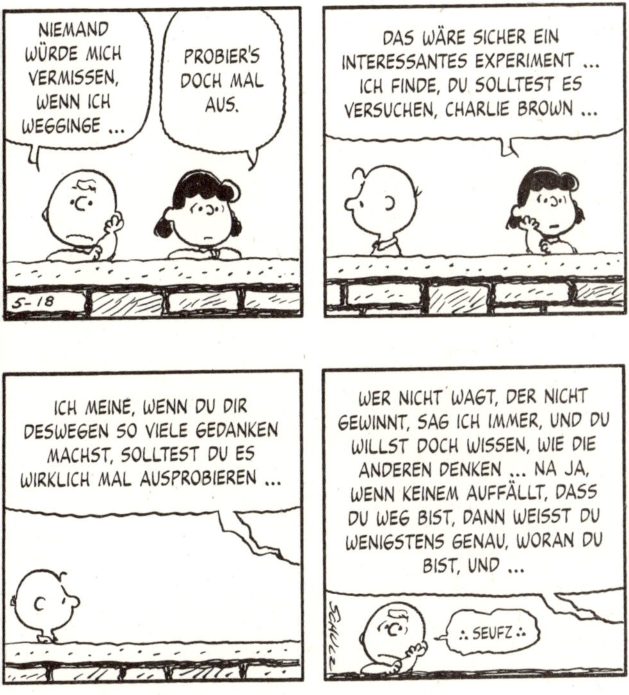
NIEMAND WÜRDE MICH VERMISSEN, WENN ICH WEGGINGE ...
PROBIER'S DOCH MAL AUS.
5-18
DAS WÄRE SICHER EIN INTERESSANTES EXPERIMENT ... ICH FINDE, DU SOLLTEST ES VERSUCHEN, CHARLIE BROWN ...
ICH MEINE, WENN DU DIR DESWEGEN SO VIELE GEDANKEN MACHST, SOLLTEST DU ES WIRKLICH MAL AUSPROBIEREN ...
WER NICHT WAGT, DER NICHT GEWINNT, SAG ICH IMMER, UND DU WILLST DOCH WISSEN, WIE DIE ANDEREN DENKEN ... NA JA, WENN KEINEM AUFFÄLLT, DASS DU WEG BIST, DANN WEISST DU WENIGSTENS GENAU, WORAN DU BIST, UND ...
∴ SEUFZ ∴
SCHULZ

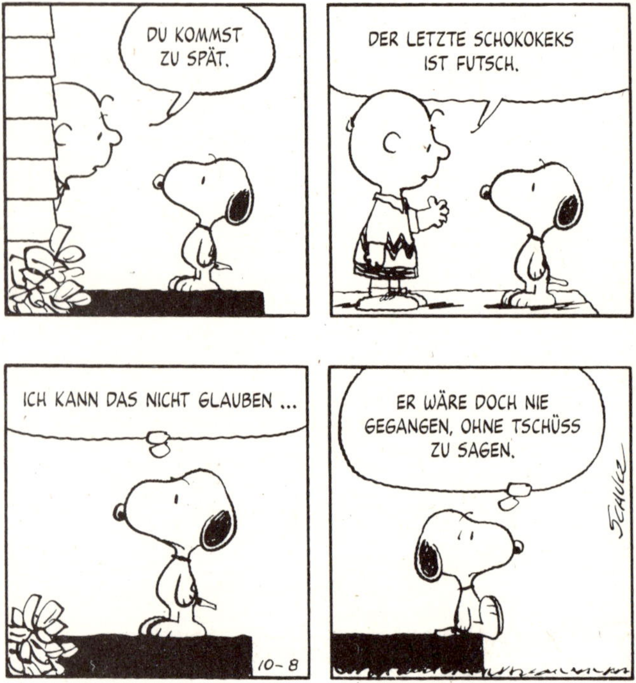
DU KOMMST ZU SPÄT.
DER LETZTE SCHOKOKEKS IST FUTSCH.
ICH KANN DAS NICHT GLAUBEN ...
10-8
ER WÄRE DOCH NIE GEGANGEN, OHNE TSCHÜSS ZU SAGEN.
SCHULZ

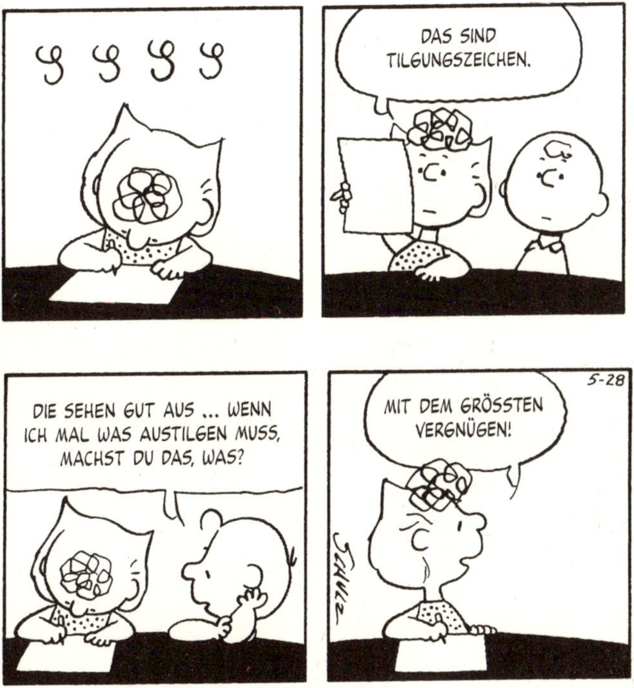
DAS SIND TILGUNGSZEICHEN.
DIE SEHEN GUT AUS ... WENN ICH MAL WAS AUSTILGEN MUSS, MACHST DU DAS, WAS?
5-28
MIT DEM GRÖSSTEN VERGNÜGEN!

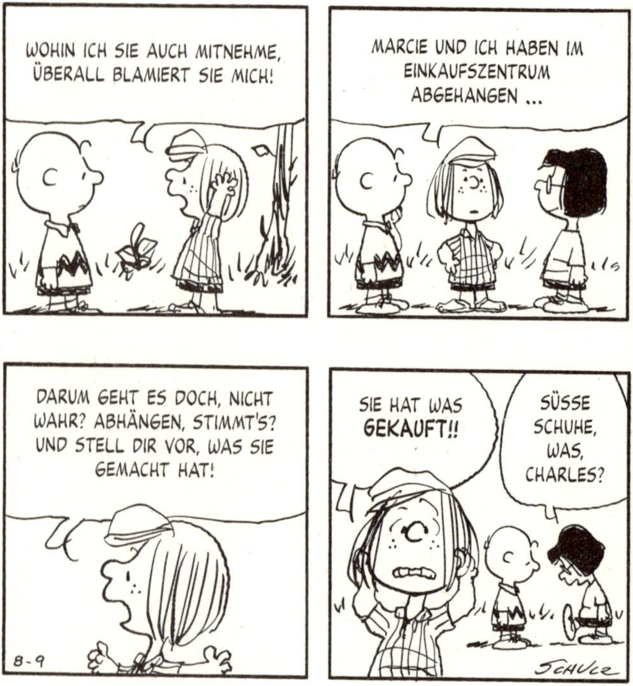
WOHIN ICH SIE AUCH MITNEHME, ÜBERALL BLAMIERT SIE MICH!
MARCIE UND ICH HABEN IM EINKAUFSZENTRUM ABGEHANGEN ...
DARUM GEHT ES DOCH, NICHT WAHR? ABHÄNGEN, STIMMT'S? UND STELL DIR VOR, WAS SIE GEMACHT HAT!
8-9
SIE HAT WAS **GEKAUFT!!**
SÜSSE SCHUHE, WAS, CHARLES?
SCHULZ

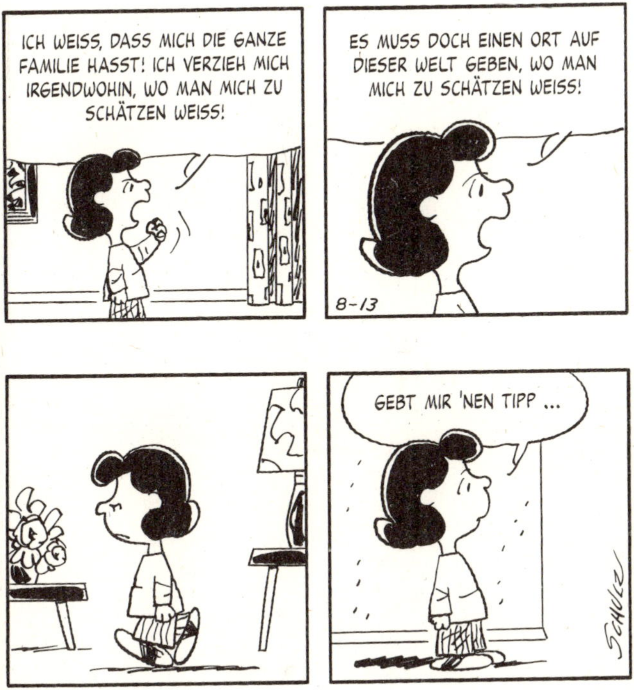

ICH WEISS, DASS MICH DIE GANZE FAMILIE HASST! ICH VERZIEH MICH IRGENDWOHIN, WO MAN MICH ZU SCHÄTZEN WEISS!
ES MUSS DOCH EINEN ORT AUF DIESER WELT GEBEN, WO MAN MICH ZU SCHÄTZEN WEISS!
8-13
GEBT MIR 'NEN TIPP ...
SCHULZ

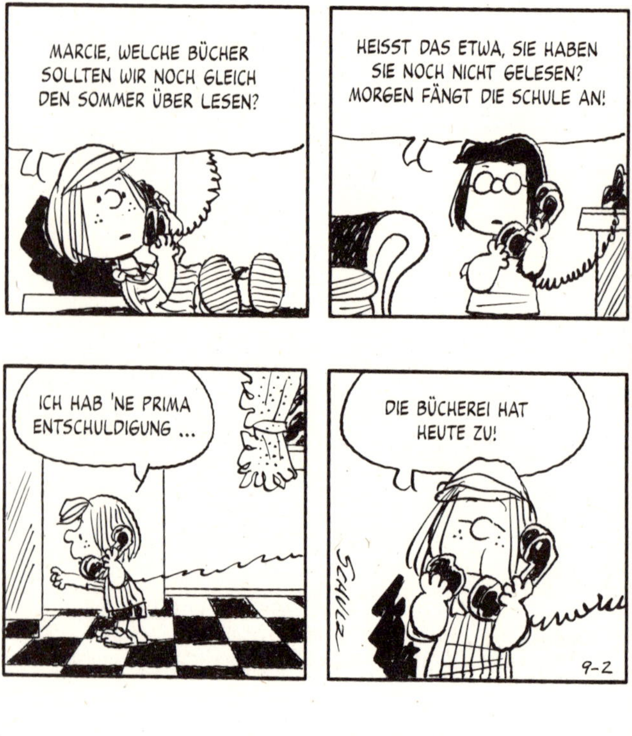
MARCIE, WELCHE BÜCHER SOLLTEN WIR NOCH GLEICH DEN SOMMER ÜBER LESEN?
HEISST DAS ETWA, SIE HABEN SIE NOCH NICHT GELESEN? MORGEN FÄNGT DIE SCHULE AN!
ICH HAB 'NE PRIMA ENTSCHULDIGUNG ...
DIE BÜCHEREI HAT HEUTE ZU!
SCHULZ
9-2

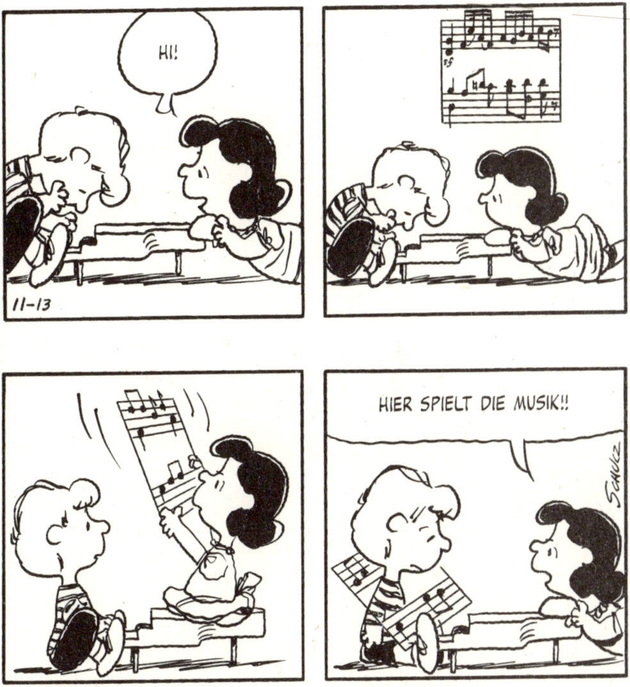
HI!
11-13
HIER SPIELT DIE MUSIK!!
SCHULZ

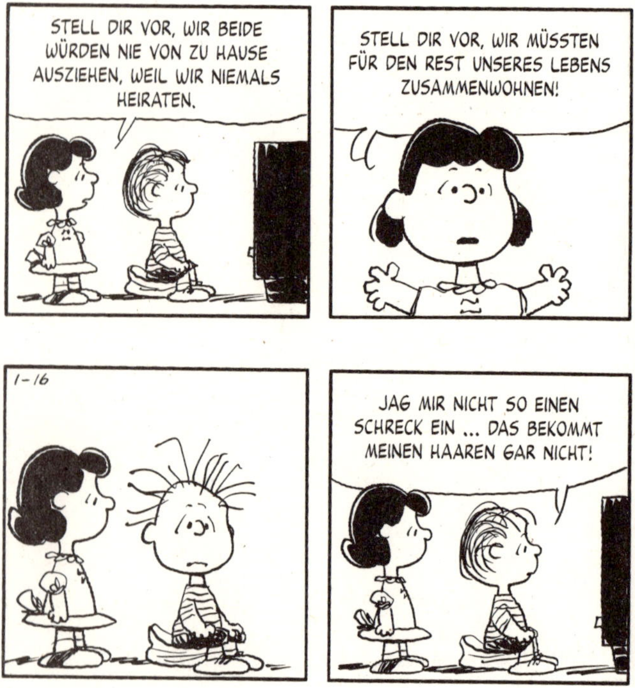
STELL DIR VOR, WIR BEIDE WÜRDEN NIE VON ZU HAUSE AUSZIEHEN, WEIL WIR NIEMALS HEIRATEN.
STELL DIR VOR, WIR MÜSSTEN FÜR DEN REST UNSERES LEBENS ZUSAMMENWOHNEN!
1-16
JAG MIR NICHT SO EINEN SCHRECK EIN ... DAS BEKOMMT MEINEN HAAREN GAR NICHT!

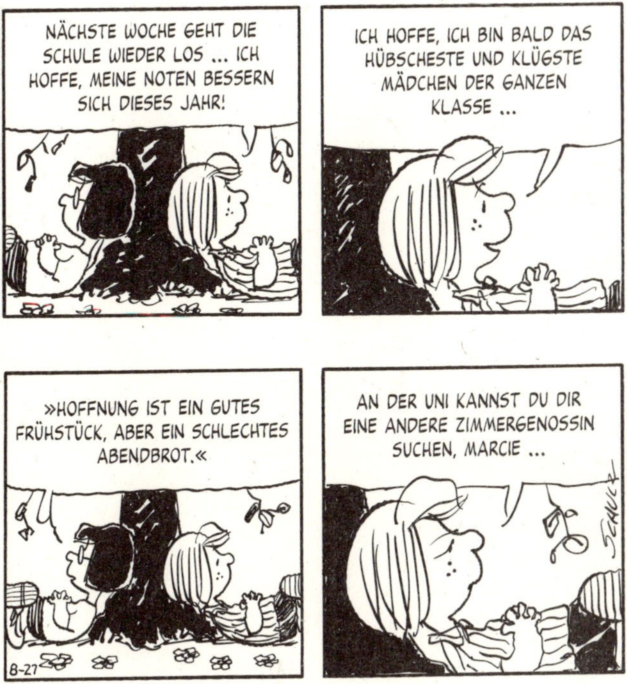
NÄCHSTE WOCHE GEHT DIE SCHULE WIEDER LOS ... ICH HOFFE, MEINE NOTEN BESSERN SICH DIESES JAHR!
ICH HOFFE, ICH BIN BALD DAS HÜBSCHESTE UND KLÜGSTE MÄDCHEN DER GANZEN KLASSE ...
»HOFFNUNG IST EIN GUTES FRÜHSTÜCK, ABER EIN SCHLECHTES ABENDBROT.«
AN DER UNI KANNST DU DIR EINE ANDERE ZIMMERGENOSSIN SUCHEN, MARCIE ...
8-27
SCHULZ

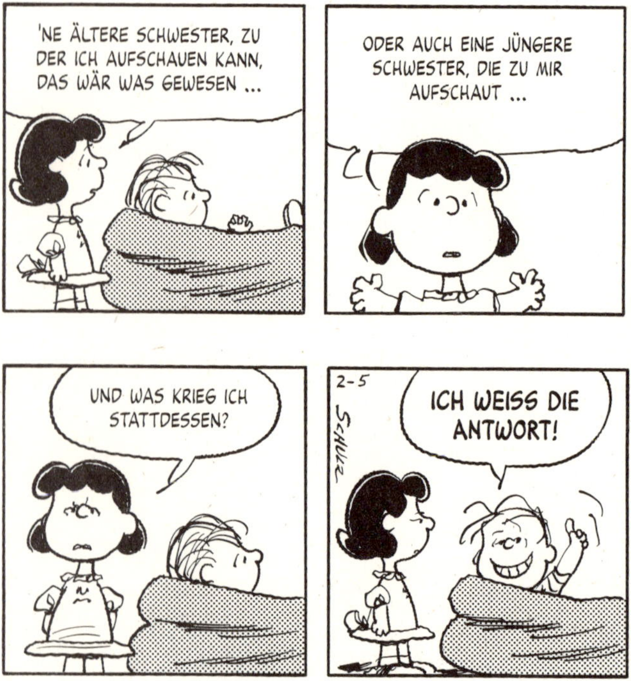

'NE ÄLTERE SCHWESTER, ZU DER ICH AUFSCHAUEN KANN, DAS WÄR WAS GEWESEN ...
ODER AUCH EINE JÜNGERE SCHWESTER, DIE ZU MIR AUFSCHAUT ...
UND WAS KRIEG ICH STATTDESSEN?
2-5
SCHULZ
ICH WEISS DIE ANTWORT!

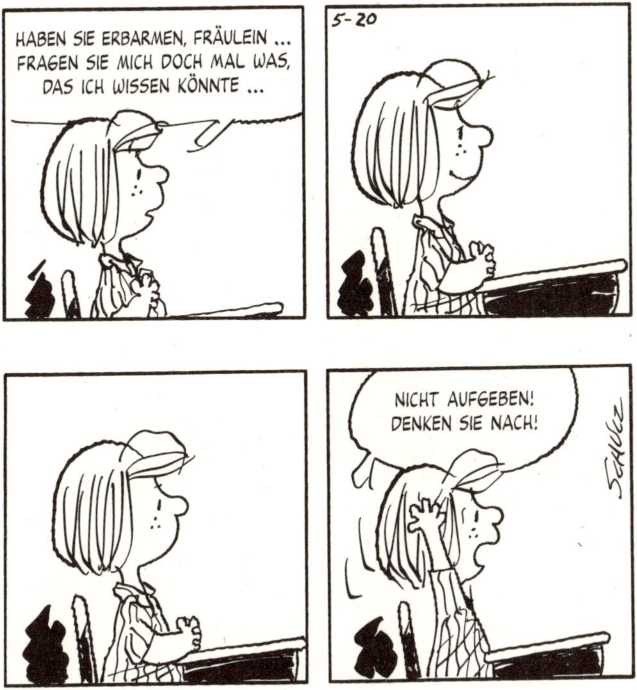
HABEN SIE ERBARMEN, FRÄULEIN ...
... FRAGEN SIE MICH DOCH MAL WAS, DAS ICH WISSEN KÖNNTE ...
5-20
NICHT AUFGEBEN! DENKEN SIE NACH!
SCHULZ

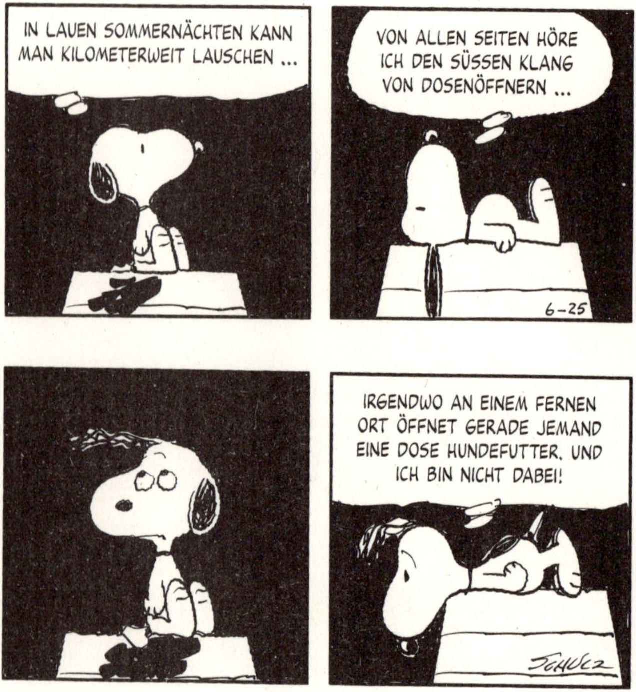
IN LAUEN SOMMERNÄCHTEN KANN MAN KILOMETERWEIT LAUSCHEN ...
VON ALLEN SEITEN HÖRE ICH DEN SÜSSEN KLANG VON DOSENÖFFNERN ...
6-25
IRGENDWO AN EINEM FERNEN ORT ÖFFNET GERADE JEMAND EINE DOSE HUNDEFUTTER. UND ICH BIN NICHT DABEI!
SCHULZ

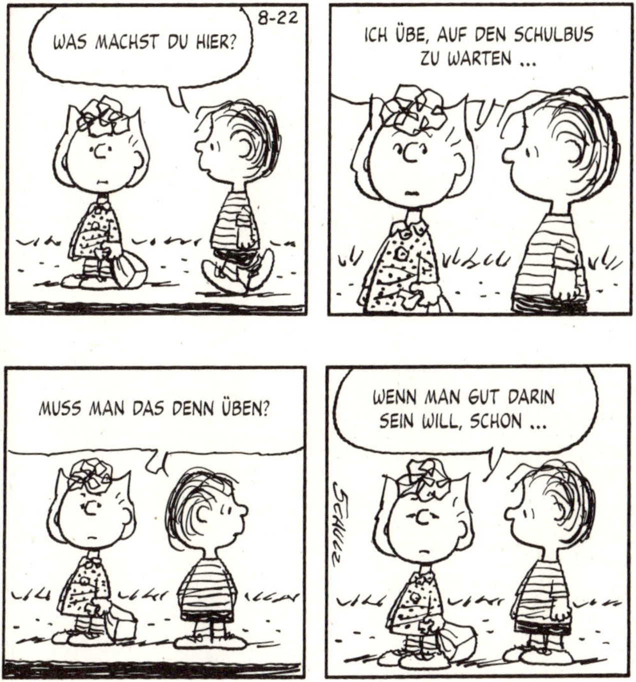
8-22
WAS MACHST DU HIER?
ICH ÜBE, AUF DEN SCHULBUS ZU WARTEN ...
MUSS MAN DAS DENN ÜBEN?
WENN MAN GUT DARIN SEIN WILL, SCHON ...
SCHULZ

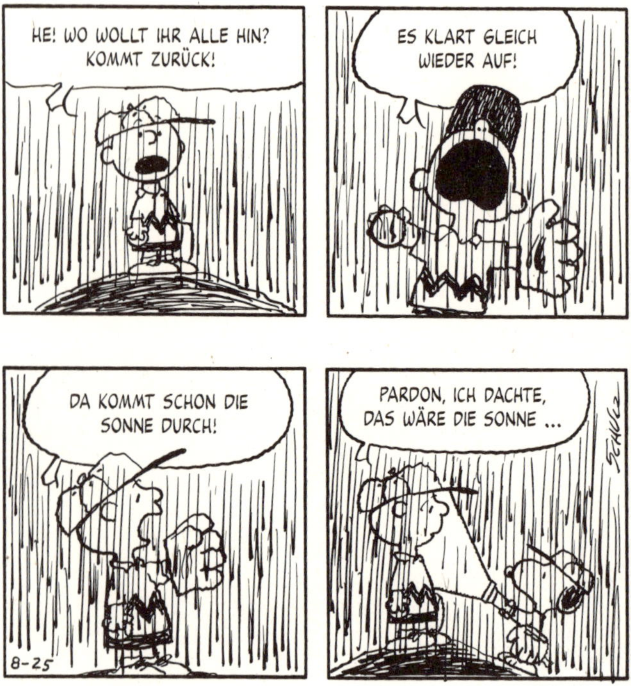
HE! WO WOLLT IHR ALLE HIN? KOMMT ZURÜCK!
ES KLART GLEICH WIEDER AUF!
DA KOMMT SCHON DIE SONNE DURCH!
8-25
PARDON, ICH DACHTE, DAS WÄRE DIE SONNE ...
SCHULZ

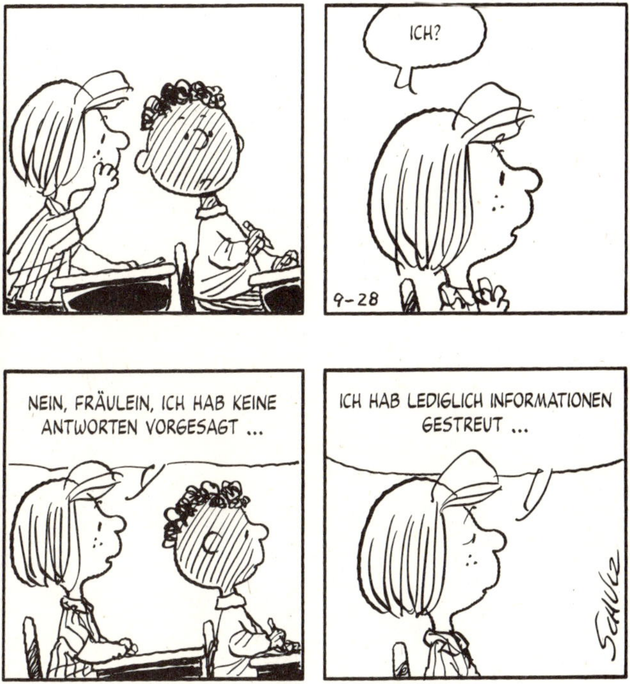
ICH?
9-28
NEIN, FRÄULEIN, ICH HAB KEINE ANTWORTEN VORGESAGT ...
ICH HAB LEDIGLICH INFORMATIONEN GESTREUT ...
SCHULZ

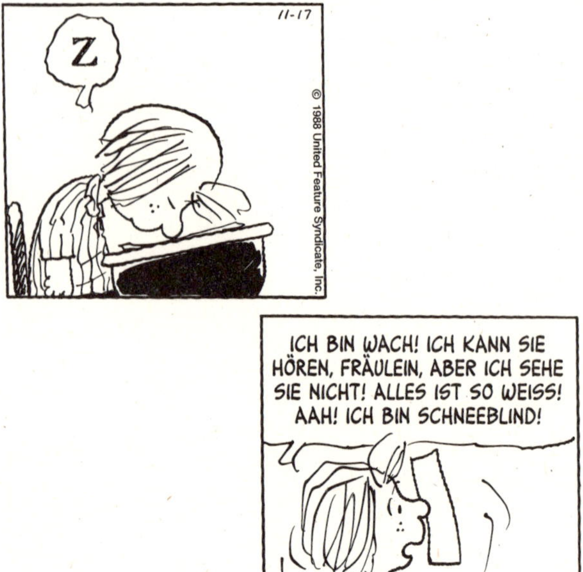
11-17
Z
© 1988 United Feature Syndicate, Inc.
ICH BIN WACH! ICH KANN SIE HÖREN, FRÄULEIN, ABER ICH SEHE SIE NICHT! ALLES IST SO WEISS! AAH! ICH BIN SCHNEEBLIND!
SIE SPINNEN, SIR ...
TUT MIR LEID, FRÄULEIN! NUR EIN KLEINER PANIKAN-FALL ...
SCHULZ

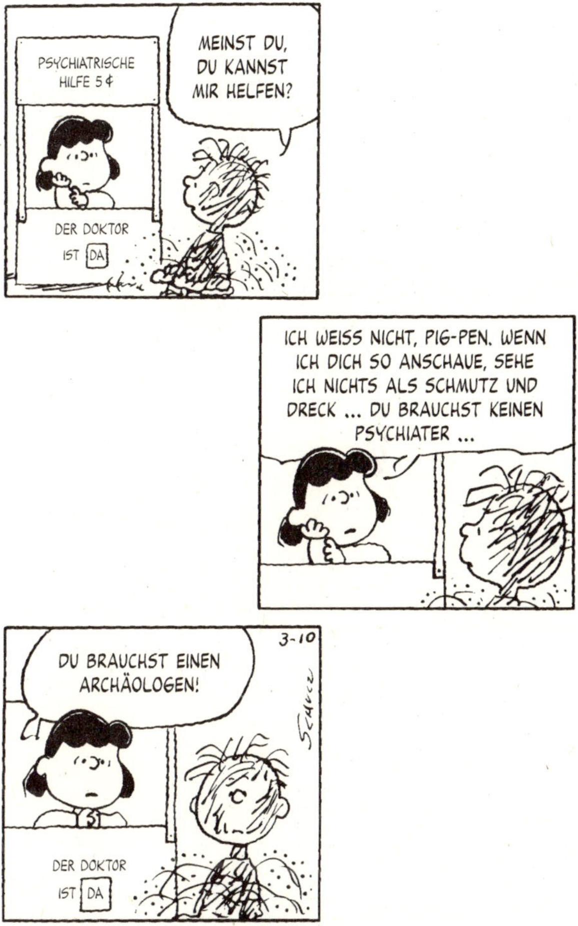
PSYCHIATRISCHE HILFE 5¢
MEINST DU, DU KANNST MIR HELFEN?
DER DOKTOR IST DA
ICH WEISS NICHT, PIG-PEN. WENN ICH DICH SO ANSCHAUE, SEHE ICH NICHTS ALS SCHMUTZ UND DRECK ... DU BRAUCHST KEINEN PSYCHIATER ...
3-10
DU BRAUCHST EINEN ARCHÄOLOGEN!
DER DOKTOR IST DA

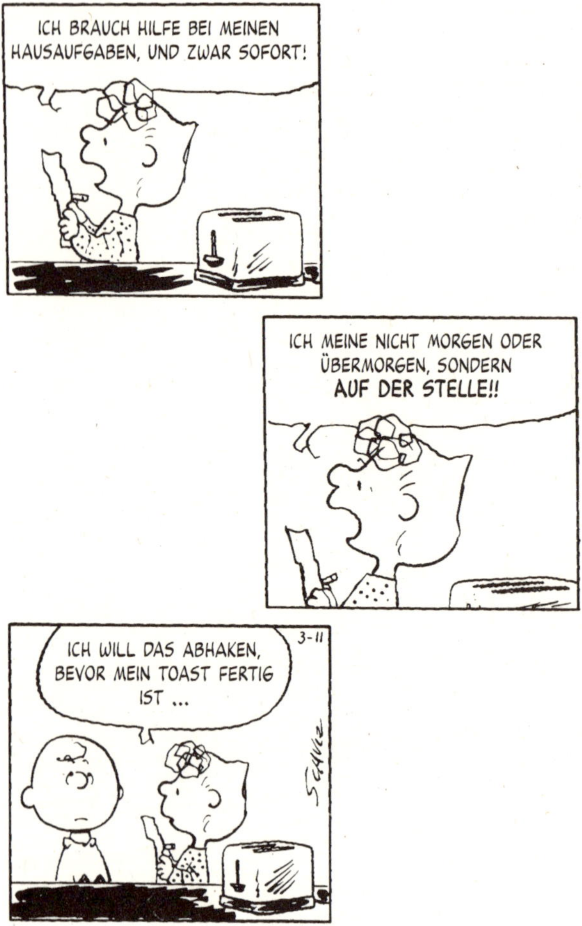
ICH BRAUCH HILFE BEI MEINEN HAUSAUFGABEN, UND ZWAR SOFORT!
ICH MEINE NICHT MORGEN ODER ÜBERMORGEN, SONDERN **AUF DER STELLE!!**
3-11
ICH WILL DAS ABHAKEN, BEVOR MEIN TOAST FERTIG IST ...

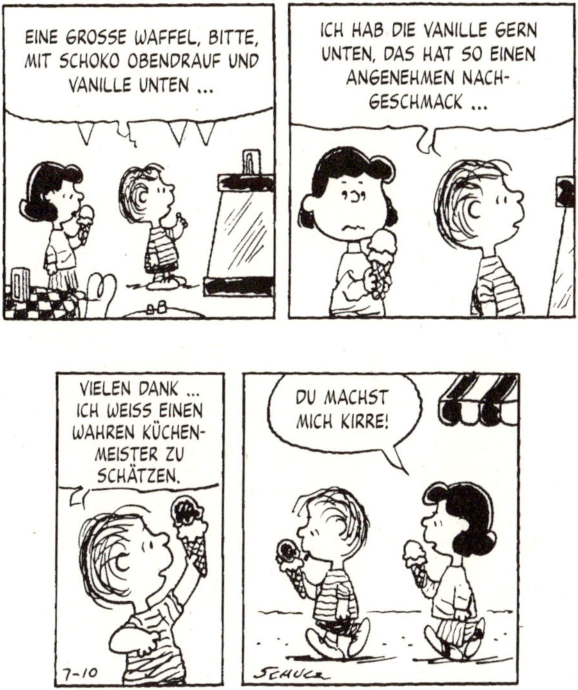
EINE GROSSE WAFFEL, BITTE, MIT SCHOKO OBENDRAUF UND VANILLE UNTEN ...
ICH HAB DIE VANILLE GERN UNTEN, DAS HAT SO EINEN ANGENEHMEN NACH-GESCHMACK ...
VIELEN DANK ... ICH WEISS EINEN WAHREN KÜCHEN-MEISTER ZU SCHÄTZEN.
DU MACHST MICH KIRRE!
7-10
SCHULZ

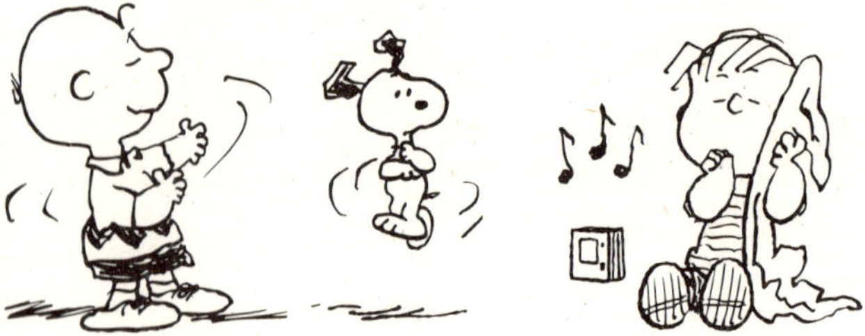

Die 90er

Von Kleiderbügeln, fehlenden Vorbildern und weit entfernten Galaxien

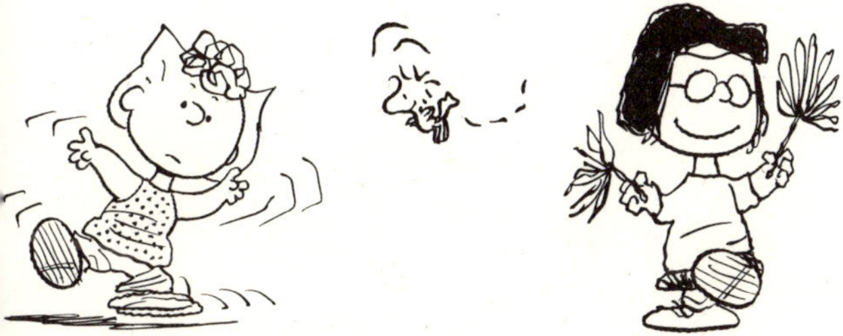

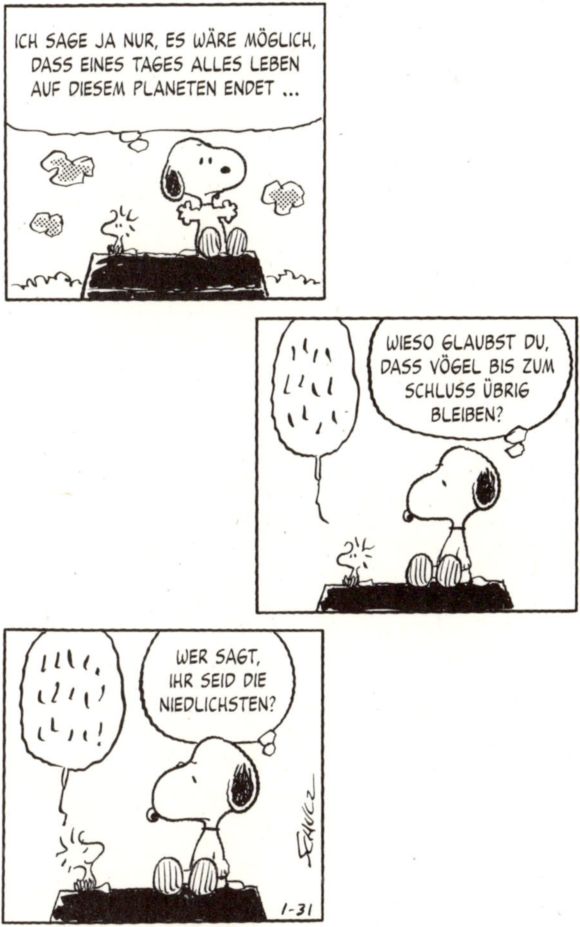
ICH SAGE JA NUR, ES WÄRE MÖGLICH, DASS EINES TAGES ALLES LEBEN AUF DIESEM PLANETEN ENDET ...
WIESO GLAUBST DU, DASS VÖGEL BIS ZUM SCHLUSS ÜBRIG BLEIBEN?
WER SAGT, IHR SEID DIE NIEDLICHSTEN?
SCHULZ
1-31

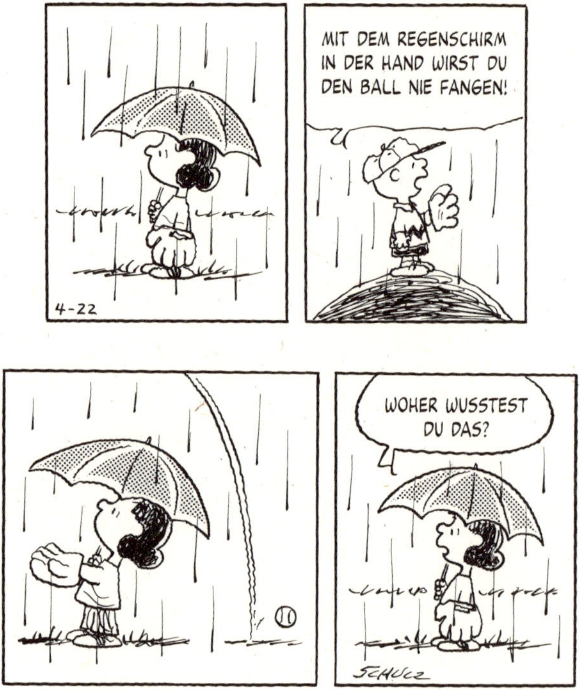
4-22
MIT DEM REGENSCHIRM IN DER HAND WIRST DU DEN BALL NIE FANGEN!
WOHER WUSSTEST DU DAS?
SCHULZ

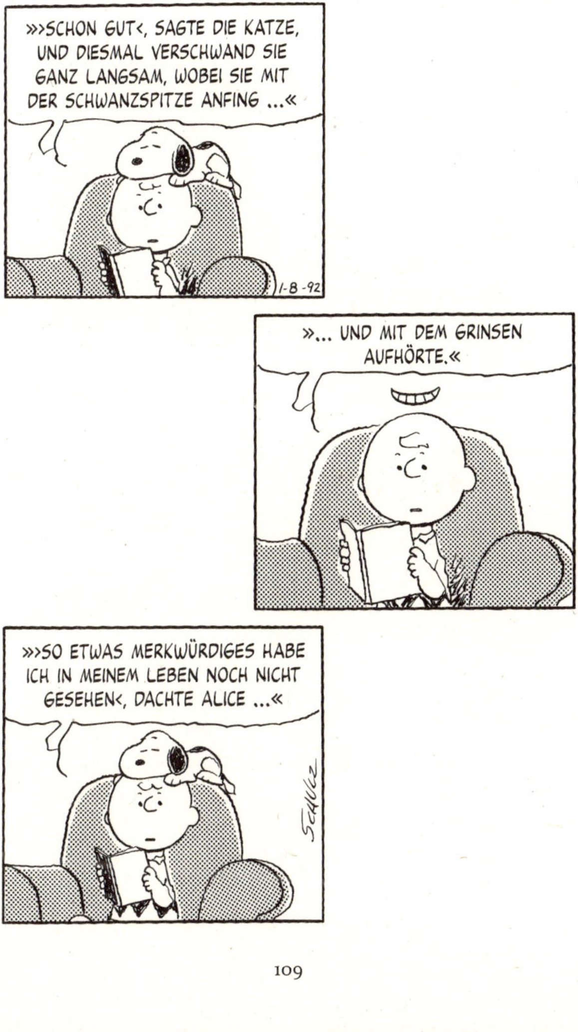
»›SCHON GUT‹, SAGTE DIE KATZE, UND DIESMAL VERSCHWAND SIE GANZ LANGSAM, WOBEI SIE MIT DER SCHWANZSPITZE ANFING ...«
1-8-92
»... UND MIT DEM GRINSEN AUFHÖRTE.«
»›SO ETWAS MERKWÜRDIGES HABE ICH IN MEINEM LEBEN NOCH NICHT GESEHEN‹, DACHTE ALICE ...«

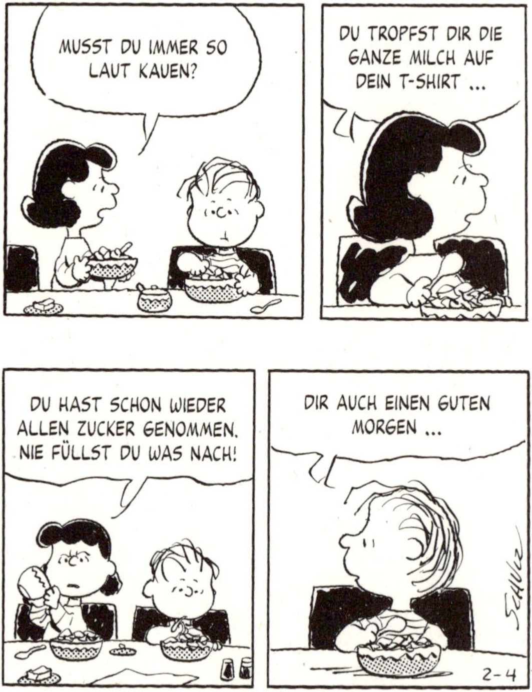
MUSST DU IMMER SO LAUT KAUEN?
DU TROPFST DIR DIE GANZE MILCH AUF DEIN T-SHIRT ...
DU HAST SCHON WIEDER ALLEN ZUCKER GENOMMEN. NIE FÜLLST DU WAS NACH!
DIR AUCH EINEN GUTEN MORGEN ...
2-4

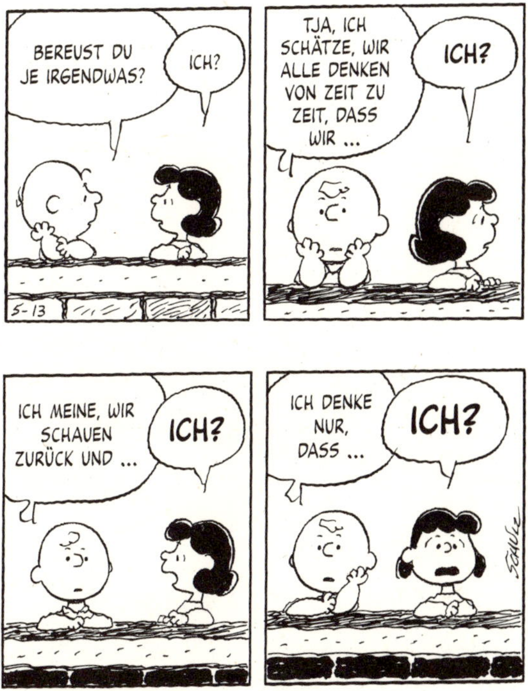
BEREUST DU JE IRGENDWAS?
ICH?
5-13
TJA, ICH SCHÄTZE, WIR ALLE DENKEN VON ZEIT ZU ZEIT, DASS WIR ...
ICH?
ICH MEINE, WIR SCHAUEN ZURÜCK UND ...
ICH?
ICH DENKE NUR, DASS ...
ICH?
SCHULZ

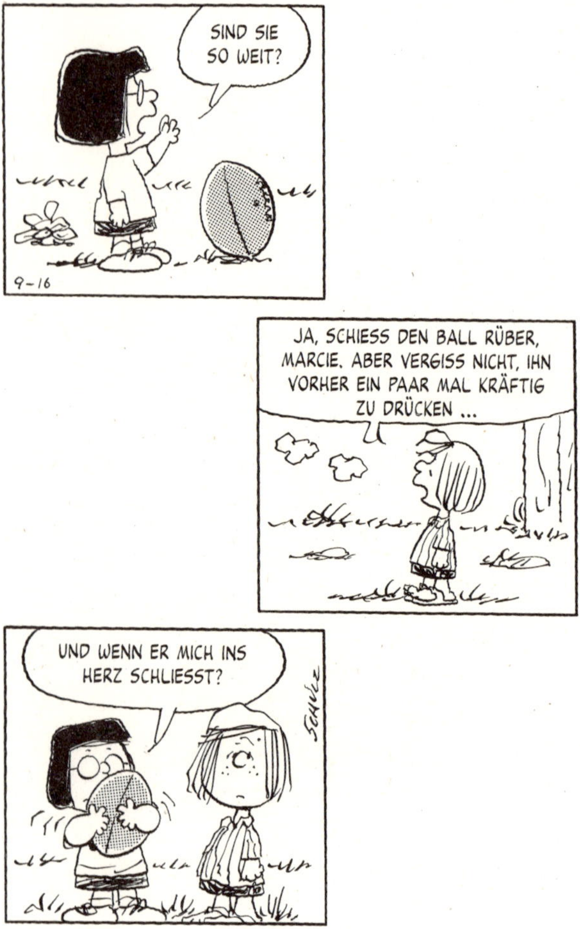
SIND SIE SO WEIT?
9-16
JA, SCHIESS DEN BALL RÜBER, MARCIE. ABER VERGISS NICHT, IHN VORHER EIN PAAR MAL KRÄFTIG ZU DRÜCKEN ...
UND WENN ER MICH INS HERZ SCHLIESST?
SCHULZ

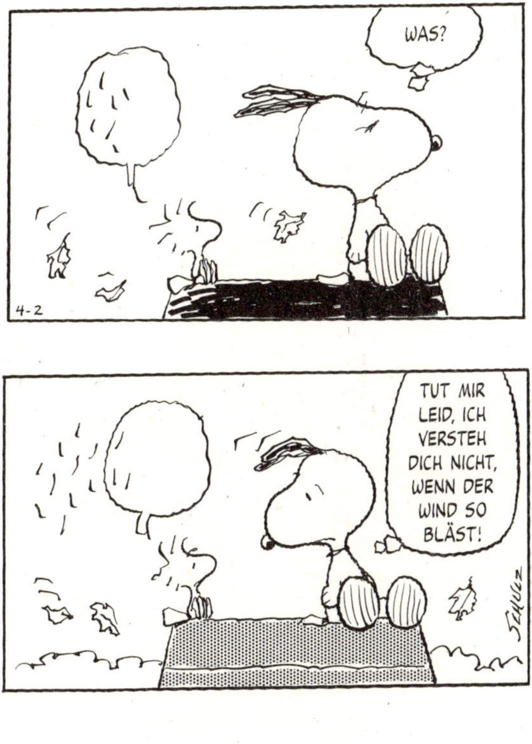
4-2
WAS?
TUT MIR LEID, ICH VERSTEH DICH NICHT, WENN DER WIND SO BLÄST!
SCHULZ

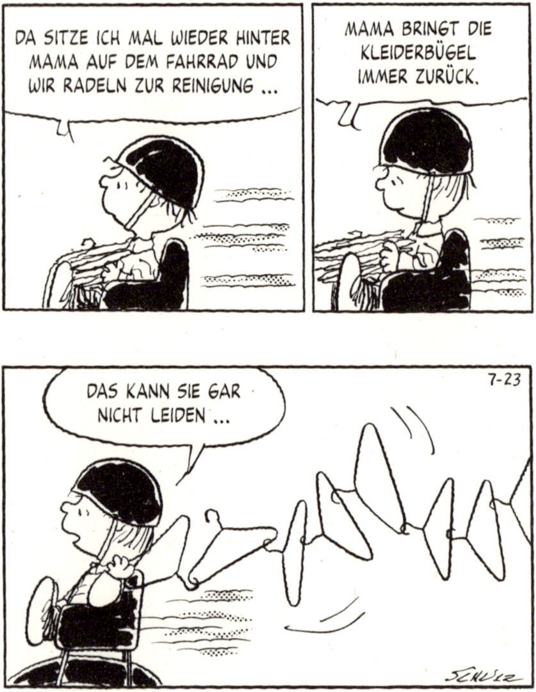
DA SITZE ICH MAL WIEDER HINTER MAMA AUF DEM FAHRRAD UND WIR RADELN ZUR REINIGUNG ...
MAMA BRINGT DIE KLEIDERBÜGEL IMMER ZURÜCK.
DAS KANN SIE GAR NICHT LEIDEN ...
7-23
SCHULZ

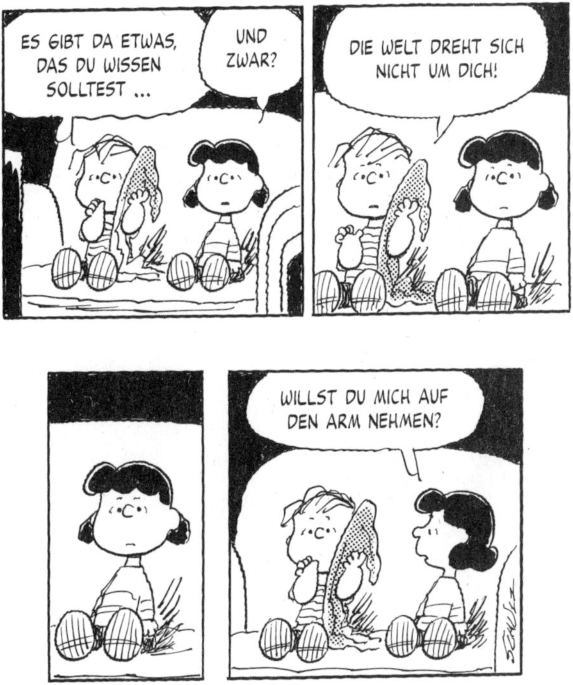
ES GIBT DA ETWAS, DAS DU WISSEN SOLLTEST ...
UND ZWAR?
DIE WELT DREHT SICH NICHT UM DICH!
WILLST DU MICH AUF DEN ARM NEHMEN?
SCHULZ

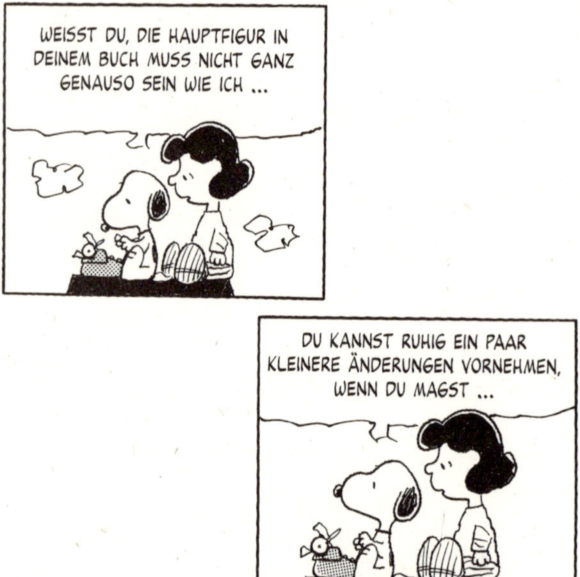
WEISST DU, DIE HAUPTFIGUR IN DEINEM BUCH MUSS NICHT GANZ GENAUSO SEIN WIE ICH ...
DU KANNST RUHIG EIN PAAR KLEINERE ÄNDERUNGEN VORNEHMEN, WENN DU MAGST ...
1-25
GUT ... IN MEINEM ROMAN BIST DU EIN GOLDEN RETRIEVER ...
SCHULZ

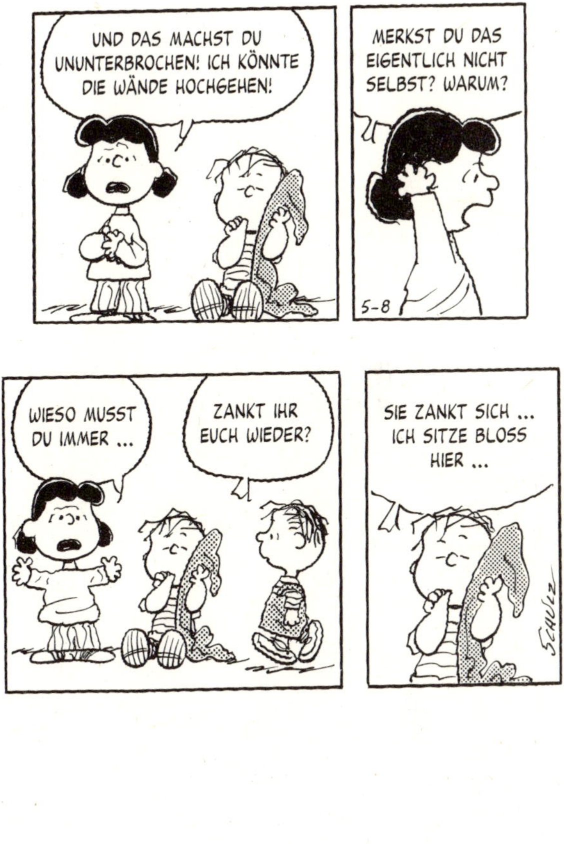
UND DAS MACHST DU UNUNTERBROCHEN! ICH KÖNNTE DIE WÄNDE HOCHGEHEN!
MERKST DU DAS EIGENTLICH NICHT SELBST? WARUM?
5-8
WIESO MUSST DU IMMER ...
ZANKT IHR EUCH WIEDER?
SIE ZANKT SICH ... ICH SITZE BLOSS HIER ...
SCHULZ

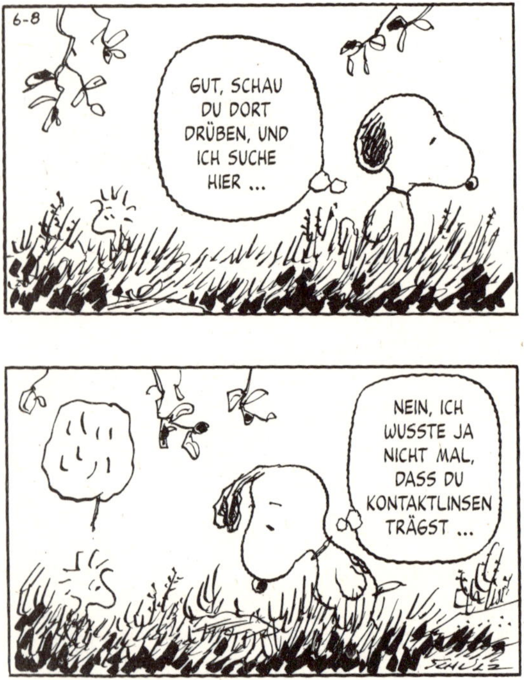
6-8
GUT, SCHAU DU DORT DRÜBEN, UND ICH SUCHE HIER ...
NEIN, ICH WUSSTE JA NICHT MAL, DASS DU KONTAKTLINSEN TRÄGST ...
SCHULZ

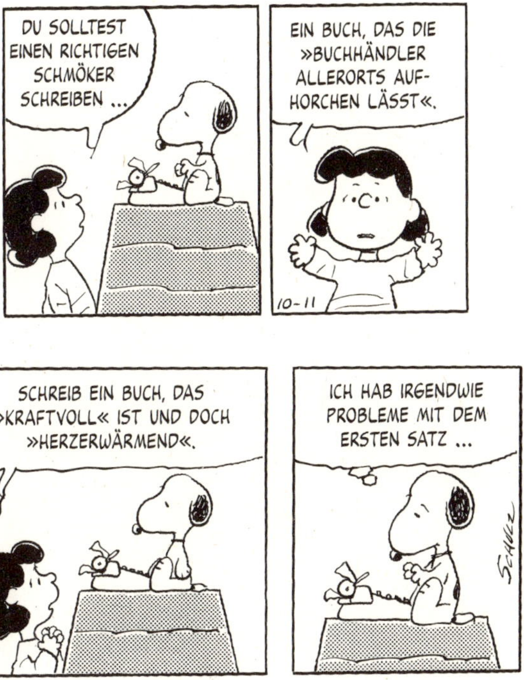
DU SOLLTEST EINEN RICHTIGEN SCHMÖKER SCHREIBEN ...
EIN BUCH, DAS DIE »BUCHHÄNDLER ALLERORTS AUFHORCHEN LÄSST«.
10-11
SCHREIB EIN BUCH, DAS »KRAFTVOLL« IST UND DOCH »HERZERWÄRMEND«.
ICH HAB IRGENDWIE PROBLEME MIT DEM ERSTEN SATZ ...
SCHULZ

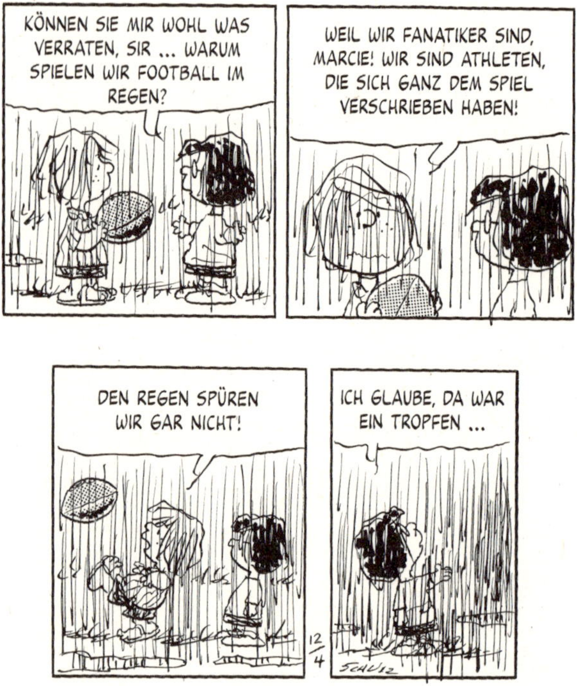
KÖNNEN SIE MIR WOHL WAS VERRATEN, SIR ... WARUM SPIELEN WIR FOOTBALL IM REGEN?
WEIL WIR FANATIKER SIND, MARCIE! WIR SIND ATHLETEN, DIE SICH GANZ DEM SPIEL VERSCHRIEBEN HABEN!
DEN REGEN SPÜREN WIR GAR NICHT!
ICH GLAUBE, DA WAR EIN TROPFEN ...
12/4
SCHULZ

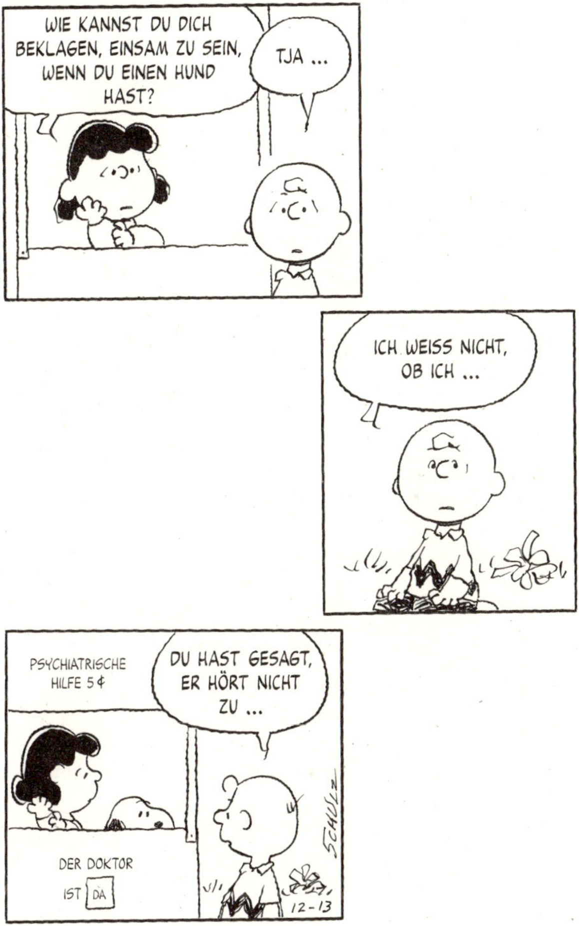
WIE KANNST DU DICH BEKLAGEN, EINSAM ZU SEIN, WENN DU EINEN HUND HAST?
TJA ...
ICH WEISS NICHT, OB ICH ...
PSYCHIATRISCHE HILFE 5 ¢
DU HAST GESAGT, ER HÖRT NICHT ZU ...
DER DOKTOR IST DA
SCHULZ
12-13

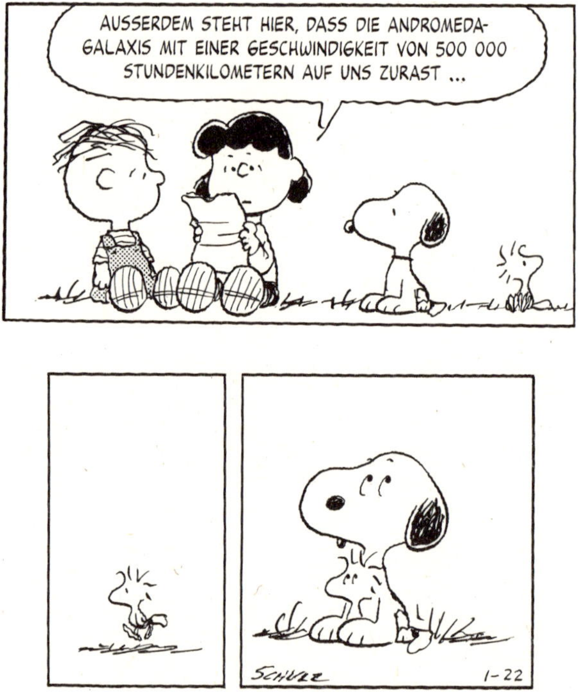
AUSSERDEM STEHT HIER, DASS DIE ANDROMEDA-GALAXIS MIT EINER GESCHWINDIGKEIT VON 500 000 STUNDENKILOMETERN AUF UNS ZURAST ...

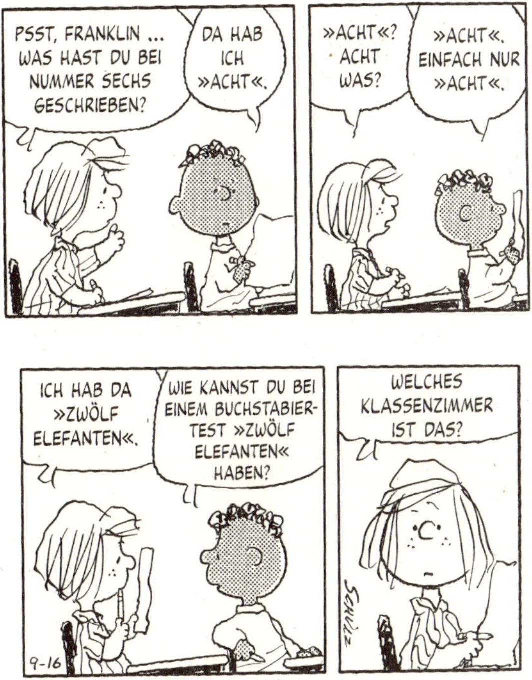
PSST, FRANKLIN ... WAS HAST DU BEI NUMMER SECHS GESCHRIEBEN?
DA HAB ICH »ACHT«.
»ACHT«? ACHT WAS?
»ACHT«. EINFACH NUR »ACHT«.
ICH HAB DA »ZWÖLF ELEFANTEN«.
WIE KANNST DU BEI EINEM BUCHSTABIER-TEST »ZWÖLF ELEFANTEN« HABEN?
9-16
WELCHES KLASSENZIMMER IST DAS?
SCHULZ

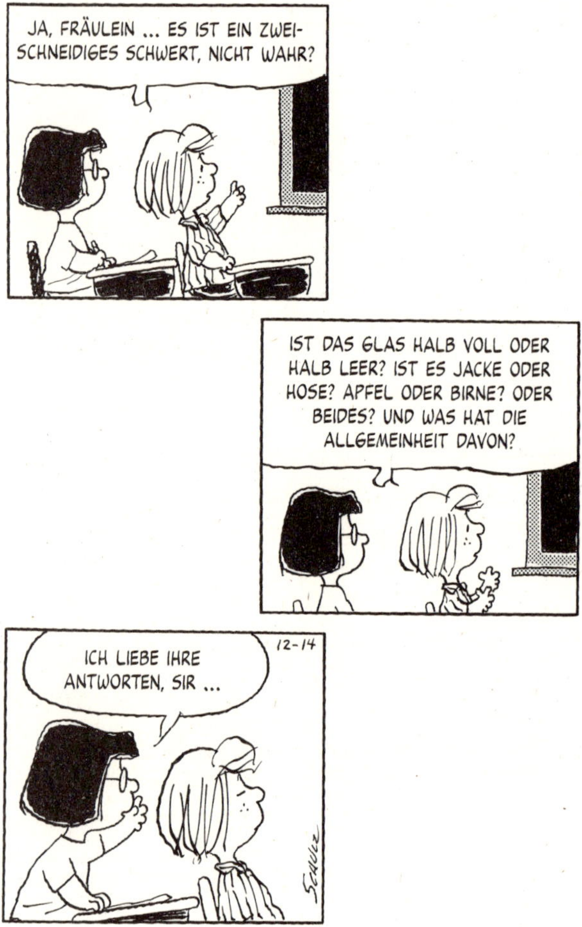
JA, FRÄULEIN ... ES IST EIN ZWEI-SCHNEIDIGES SCHWERT, NICHT WAHR?
IST DAS GLAS HALB VOLL ODER HALB LEER? IST ES JACKE ODER HOSE? APFEL ODER BIRNE? ODER BEIDES? UND WAS HAT DIE ALLGEMEINHEIT DAVON?
12-14
ICH LIEBE IHRE ANTWORTEN, SIR ...
SCHULZ

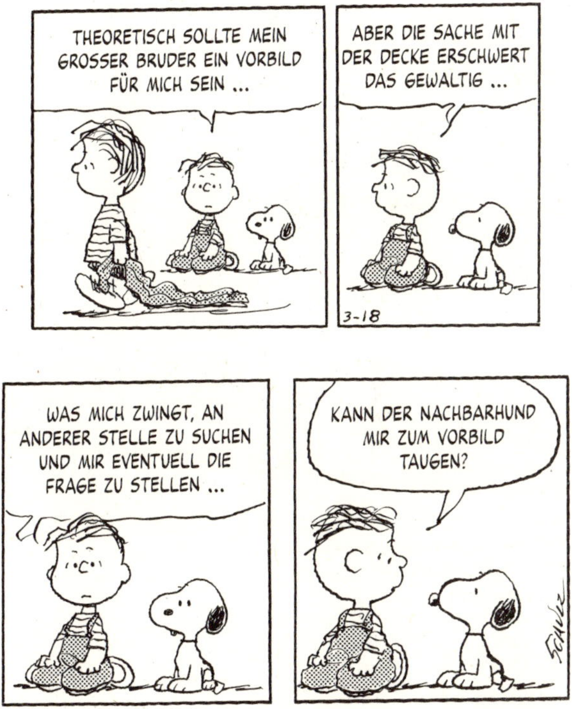
THEORETISCH SOLLTE MEIN GROSSER BRUDER EIN VORBILD FÜR MICH SEIN ...
ABER DIE SACHE MIT DER DECKE ERSCHWERT DAS GEWALTIG ...
3-18
WAS MICH ZWINGT, AN ANDERER STELLE ZU SUCHEN UND MIR EVENTUELL DIE FRAGE ZU STELLEN ...
KANN DER NACHBARHUND MIR ZUM VORBILD TAUGEN?

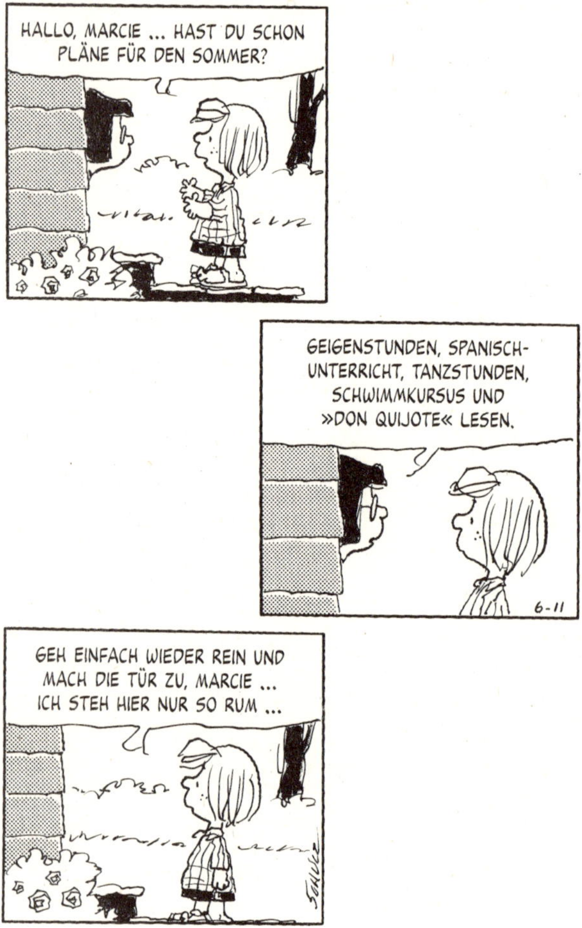
HALLO, MARCIE ... HAST DU SCHON PLÄNE FÜR DEN SOMMER?
GEIGENSTUNDEN, SPANISCH-UNTERRICHT, TANZSTUNDEN, SCHWIMMKURSUS UND »DON QUIJOTE« LESEN.
6-11
GEH EINFACH WIEDER REIN UND MACH DIE TÜR ZU, MARCIE ... ICH STEH HIER NUR SO RUM ...

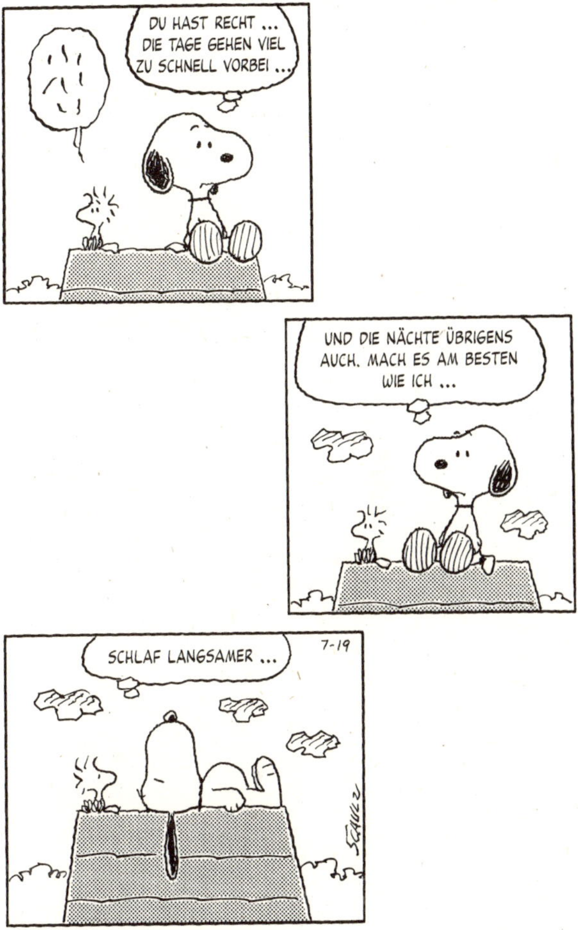
DU HAST RECHT ...
DIE TAGE GEHEN VIEL
ZU SCHNELL VORBEI ...
UND DIE NÄCHTE ÜBRIGENS
AUCH. MACH ES AM BESTEN
WIE ICH ...
SCHLAF LANGSAMER ...
7-19
SCHULZ

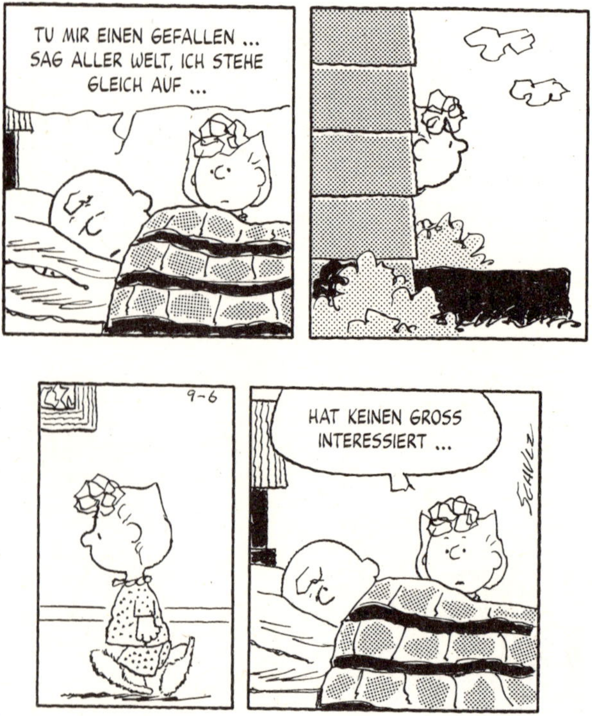
TU MIR EINEN GEFALLEN ... SAG ALLER WELT, ICH STEHE GLEICH AUF ...
9-6
HAT KEINEN GROSS INTERESSIERT ...
SCHULZ

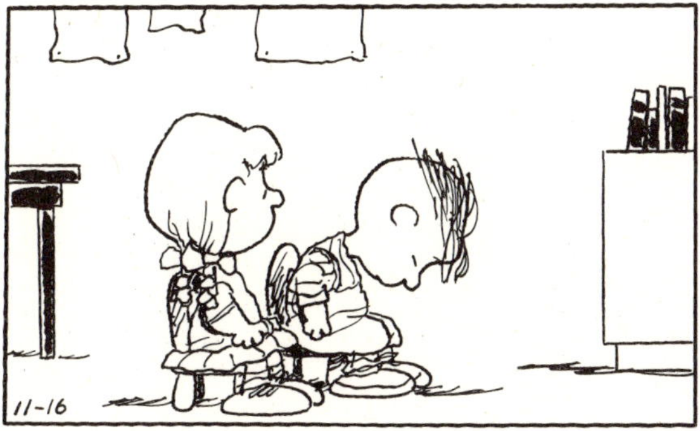
11-16

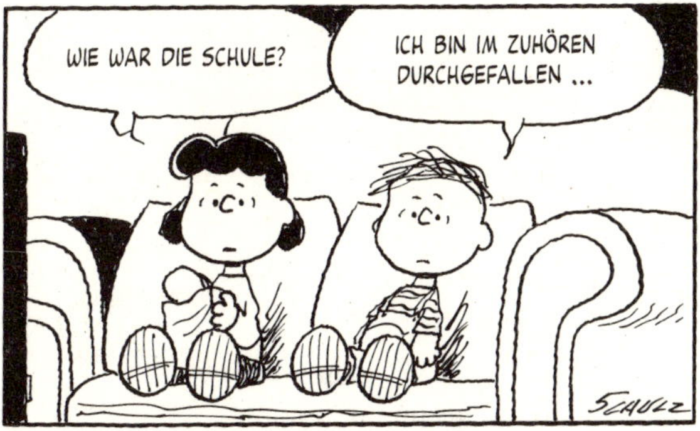
WIE WAR DIE SCHULE?
ICH BIN IM ZUHÖREN DURCHGEFALLEN ...
SCHULZ

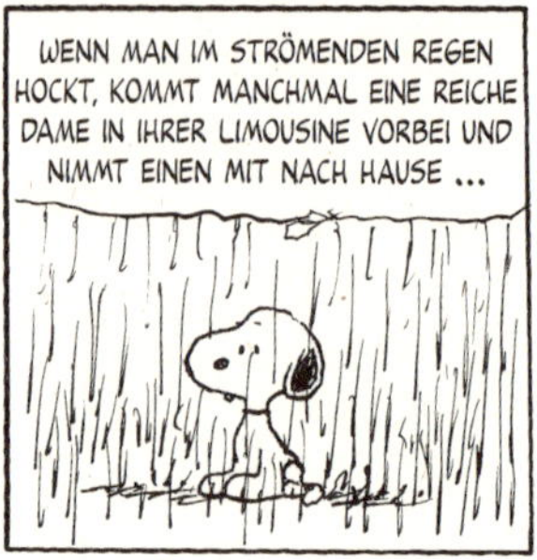
WENN MAN IM STRÖMENDEN REGEN HOCKT, KOMMT MANCHMAL EINE REICHE DAME IN IHRER LIMOUSINE VORBEI UND NIMMT EINEN MIT NACH HAUSE ...

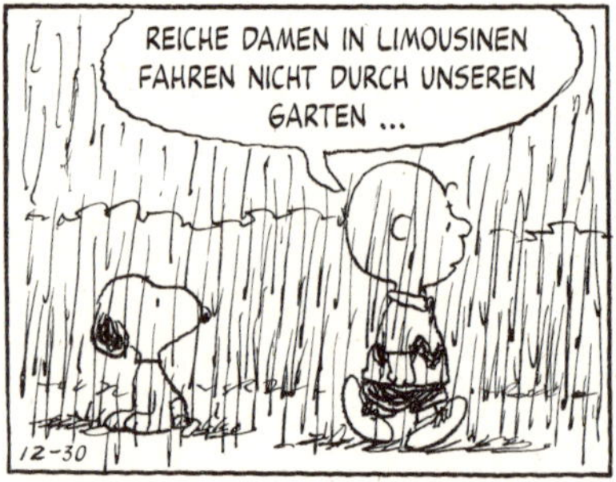
REICHE DAMEN IN LIMOUSINEN FAHREN NICHT DURCH UNSEREN GARTEN ...
12-30

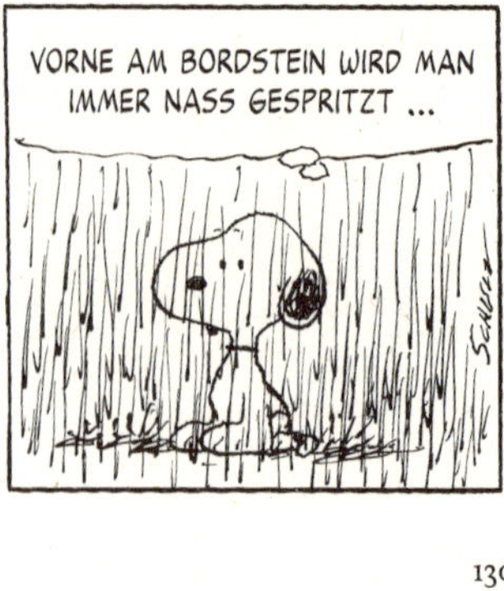
VORNE AM BORDSTEIN WIRD MAN IMMER NASS GESPRITZT ...

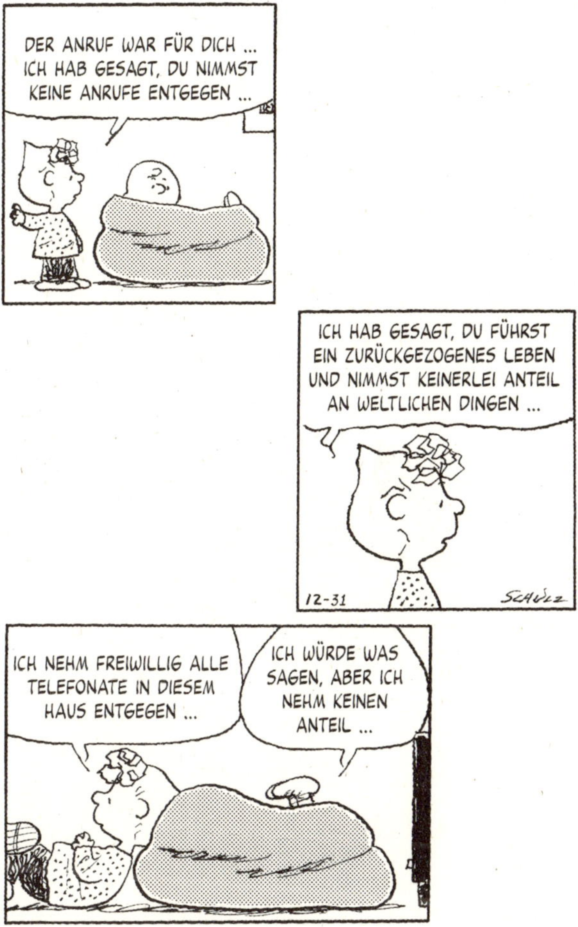
DER ANRUF WAR FÜR DICH ... ICH HAB GESAGT, DU NIMMST KEINE ANRUFE ENTGEGEN ...
ICH HAB GESAGT, DU FÜHRST EIN ZURÜCKGEZOGENES LEBEN UND NIMMST KEINERLEI ANTEIL AN WELTLICHEN DINGEN ...
12-31
SCHULZ
ICH NEHM FREIWILLIG ALLE TELEFONATE IN DIESEM HAUS ENTGEGEN ...
ICH WÜRDE WAS SAGEN, ABER ICH NEHM KEINEN ANTEIL ...

Zu dieser Ausgabe

Die Comics wurden den nachfolgend aufgeführten Bänden der *Peanuts Werkausgabe* von Carlsen Comics entnommen. Alle Texte wurden aus dem Amerikanischen übertragen von Matthias Wieland und für die vorliegende Ausgabe neu gesetzt.

Charles M. Schulz: Die Peanuts Werkausgabe. 22 Bde. Hamburg: Carlsen Comics, 2005–2018. [Im Folgenden mit den im Einzelband enthaltenen Jahren benannt.]

9 50/51/52 S. 1 | **10** 53/54 S. 210 | **11** 53/54 S. 300 | **12** 55/56 S. 48 | **13** 55/56 S. 307 | **14** 57/58 S. 16 | **15** 57/58 S. 22 | **16** 57/58 S. 76 | **17** 57/58 S. 115 | **18** 57/58 S. 128 | **19** 57/58 S. 139 | **20** 57/58 S. 293 | **21** 59/60 S. 57 | **22** 59/60 S. 108 | **23** 59/60 S. 109 | **24** 59/60 S. 132 | **25** 59/60 S. 133 | **26** 59/60 S. 133 | **27** 59/60 S. 136 | **28** 59/60 S. 139 | **29** 59/60 S. 139 | **30** 59/60 S. 141 | **31** 59/60 S. 142 | **35** 59/60 S. 271 | **36** 61/62 S. 224 | **37** 61/62 S. 255 | **38** 63/64 S. 58 | **39** 63/64 S. 161 | **40** 63/64 S. 224 | **41** 67/68 S. 47 | **42** 67/68 S. 90 | **43** 67/68 S. 95 | **44** 67/68 S. 96 | **45** 67/68 S. 111 | **46** 67/68 S. 117 | **47** 67/68 S. 123 | **48** 67/68 S. 159 | **49** 67/68 S. 215 | **50** 69/70 S. 10 | **51** 69/70 S. 19 | **52** 69/70 S. 35 | **53** 69/70 S. 49 | **54** 69/70 S. 65 | **55** 69/70 S. 65 | **59** 71/72 78 | **60** 71/72 S. 123 | **61** 71/72 S. 141 | **62** 71/72 S. 187 | **63** 71/72 S. 195 | **64** 71/72 S. 210 | **65** 71/72 S. 211 | **66** 71/72 S. 253 | **67** 71/72 S. 271 | **68** 71/72 S. 294 | **69** 71/72 S. 306 | **70** 73/74 S. 82 | **71** 73/74 S. 140 | **72** 75/76 S. 14 | **73** 75/76 S. 289 | **74** 77/78 S. 109 | **75** 77/78 S. 123 | **76** 77/78 S. 126 | **77** 77/78 S. 264 | **78** 79/80 S. 52 | **79** 79/80 S. 94 | **83** 81/82 S. 7 | **84** 81/82 S. 70 | **85** 81/82 S. 216 | **86** 83/84 S. 279 | **87** 86/86 S. 64 | **88** 85/86 S. 95 | **89** 85/86 S. 97 | **90** 85/86 S. 106 | **91** 85/86 S. 136 | **92** 85/86 S. 164 | **93** 85/86 S. 259 | **94** 87/88 S. 16 | **95** 87/88 S. 60 | **96** 87/88 S. 76 | **97** 87/88 S. 100 | **98** 87/88 S. 102 | **99** 87/88 S. 117 | **100** 87/88 S. 295 | **101** 89/90 S. 30 | **102** 89/90 S. 30 | **107** 91/92 S. 14 | **108** 91/92 S. 49 | **109** 91/92 S. 160 | **110** 91/92 S. 172 | **111** 91/92

S. 214 | **112** 93/94 S. 112 | **113** 93/94 S. 196 | **114** 93/94 S. 244 | **115** 93/94 S. 313 | **116** 95/96 S. 11 | **117** 95/96 S. 56 | **118** 95/96 S. 69 | **119** 95/96 S. 279 | **120** 95/96 S. 302 | **121** 95/96 S. 306 | **122** 97/98 S. 167 | **123** 97/98 S. 268 | **124** 97/98 S. 307 | **125** 99/00 S. 34 | **126** 99/00 S. 70 | **127** 99/00 87 | **128** 99/00 S. 108 | **129** 99/00 S. 138 | **130** 99/00 S. 157 | **131** 99/00 S. 157

Nachwort

Die Peanuts feiern gerne, sie feiern ausgelassen, ausgiebig und oft, und der Anlass ist dabei gar nicht so wichtig. Im Jahr 2025 feiern wir, die Leserinnen und Leser und alle Fans, zusammen mit den Peanuts. Und dazu haben wir dieses Mal einen besonderen Grund, denn die Peanuts begehen einen großen Geburtstag: Charlie Brown und die Welt der Peanuts werden 75 Jahre alt. Das genaue Geburtsdatum, sofern wir auf das Publikationsdatum blicken, ist der 2. Oktober 1950: An diesem Tag erschien die erste Bilderfolge, ein Streifen (engl. *strip*) von vier Bildern unter dem Titel *Peanuts*.

Tatsächlich gab es die *Peanuts* schon vor diesem Datum. Seit 1947 zeichnete Charles M. Schulz eine solche Comic-Serie mit kleinen Figuren, die kleine Leute, also Kinder darstellten und die daher den Namen *Li'l Folks* trugen. Schulz, geboren 1922, war da gerade einmal 25 Jahre alt. In dieser Zeit entwickelte er seinen Zeichenstil – seine Figuren bekamen schon im Ansatz die typische Form, die sie später bekannt und unverwechselbar machen würde: einen großen runden Kopf, der Erdnüssen (engl. *peanuts*) ähnelte (am deutlichsten rundete sich der Kopf von Snoopy), und dieser Begriff wurde ihr Markenname. Gleichzeitig entwarf Schulz auch schon eine Typologie von Figuren, die dann zur Grundlage der Peanuts werden sollte.

Am 2. Oktober 1950 war es so weit, der erste Typus, ›Good Ol' Charlie Brown‹, war geboren. Schulz hätte es gerne gehabt, wenn dieser erste Typus den Titel für seine Strips abgegeben hätte, zumal dieser Junge einige autobiographische Elemente von Schulz selbst mit auf den Weg bekommen hatte: Der Vater von Charlie Brown ist Friseur, genauso wie es der Vater von Schulz gewesen ist, und noch wichtiger: Schulz hatte als 12-Jähriger einen Hund geschenkt bekommen, einen schwarz-weißen Mischling, der den Name Spike trug und mit Sicherheit als Vorlage für Snoopy (der ein Beagle ist) angesehen werden kann (der Namen ›Spike‹ bleibt bei den Peanuts erhalten; es ist der Name von Snoopys Bruder, der allerdings erst 1975 in den Peanuts auftaucht). Manche dieser Details werden erst im Laufe der Jahre in dem Maße offenbar, in dem die Figuren und mit ihnen ihre Biographie und ihr soziales Umfeld sich entwickeln. Doch Snoopy selbst ist schon von Anfang an dabei, schon im dritten Strip der Folge (4. Oktober); und im achten Strip (10. Oktober), als Charlie Brown und Snoopy gemeinsam in einem Sessel sitzen, wird auch klar, dass diese beiden Figuren eng miteinander verbunden sind.

Doch es bleibt bei dem von Schulz nicht besonders geliebten Namen *Peanuts*: United Feature Syndicate, der Vertragspartner seit 1950, setzte sich durch – und aus heutiger Sicht ist dieser Name nicht mehr wegzudenken. Vor diesem Hintergrund entwickelte Schulz die *Peanuts* über die Jahrzehnte hinweg weiter. Charlie Brown und sein Hund Snoopy behielten zwar ihre zentrale Stellung, doch zu ihnen gesellten sich immer neue Figuren, die selbst als Typen angelegt sind und die ein eigenes Profil, eine eigene Geschichte, kurz: einen ganz eigenen Charakter haben. So kann man die Geschichte der Peanuts auch erzählen, indem man nachverfolgt, wie sich das Figurenensemble mit der Zeit vergrößert hat. Mit den neuen Figuren kamen auch neue Themen auf (z. B. die Schule als Sozialisationsinstanz oder eben auch die Diversität der Gesellschaft), und das bedeutete wiederum, dass der Charakter jener Figuren, die schon von Anfang an im Ensemble waren, weiter an Profil gewann. Dieser Prozess lässt sich im vorliegenden Band, gerade im Zeitraffer durch die Jahrzehnte, wunderbar nachverfolgen, und deswegen werfen wir einen genaueren Blick auf den ersten Strip (S. 9).

Charlie Brown sagt kein einziges Wort, er geht an einem Jungen und einem Mädchen vorbei, die ihn beobachten. Die Geschichte, die erzählt wird, hat hier schon die klassische Form der werktäglich erscheinenden Peanuts-Strips (die sogenannten Daily Strips, die jeweils aus vier Bildern bestehen und auf eine Pointe hinauslaufen, die im letzten Bild zum Ausdruck gebracht wird, sei es durch das Bild selbst oder wie hier in der Figurenrede. Eine spätere Variante der Daily Strips hatte aus Kostengründen nur drei Bilder, es gab auch Varianten mit zwei oder nur einem Bild, und es gab Strips, die thematisch aneinander anschlossen; die sonntäglich erscheinenden Folgen, die sogenannten Sunday Strips, hatten mehr Platz und bestanden aus einem Panel von mehreren Strips). Nur der Junge spricht in diesem Strip, er kommentiert den Auftritt von Charlie Brown – und man darf dabei nicht vergessen, dass Charlie Brown hier nicht nur in einer Serie von vier Bildern, sondern in der Serie der *Peanuts* oder – noch grundlegender – zum ersten Mal in der Mediengeschichte überhaupt auftritt. Doch das, was der Junge sagt, geht in eine andere Richtung: Dreimal in den ersten drei Bildern nennt er den Namen von Charlie Brown, so als müssten wir Leserinnen und Leser uns diesen Namen für alle Zeit einprägen, was wir auch getan haben. Zudem wird der Name mit zwei Epitheta versehen: ›ol'‹ und ›good‹ – Charlie Brown mag also in der realen Welt neu sein, als Typ in der fiktionalen Welt ist er schon bekannt, und er ist ein guter Typ. Charlie Brown hat noch nicht den Pullover an, an dem wir ihn später schneller als an seinem Gesicht erkennen können: am weißen (später, als die Strips coloriert wurden, gelben) Pulli mit der schwarzen gezackten Linie. Auch dies zeigt, nebenbei bemerkt, die geniale Fähigkeit von Schulz, das Typische herauszuarbeiten: Es reicht eine gelbe Fläche, durchzogen mit einer schwarz gezackten Linie, um die Vorstellung von Charlie Brown und den *Peanuts* hervorzurufen – sei es auf einer Biographie über Charles M. Schulz oder einer simplen Peanuts-Tasse.

Zurück zum Strip: Interessant ist, dass Charlie Brown hier noch keine Eigenschaften aufweist, die später für ihn typisch werden. Er scheint glücklich und mit sich selbst zufrieden zu sein, was später immer seltener passiert. Aber man kann schon hier, phänotypisch, den späteren Charlie Brown erkennen, an seinem Gesicht und vor allem an seiner Frisur, die keine ist, denn er hat nur wenige Haare auf der Stirn bei einem ansonsten glatten, kugelförmigen Kopf (und das bei einem Jungen, dessen Vater Friseur ist). Er sucht auch nicht den Kontakt zu den anderen; es ist vielmehr der andere Junge, der den Kontakt zu suchen scheint. In den drei Bildern wird so etwas wie eine gewisse Hochachtung vor Charlie Brown, diesem besonderen Typen oder Typus, zum Ausdruck gebracht und mit »Yes Sir« bestätigt. Erst im letzten Bild – das ist die Pointe – schlägt die Bewertung um: »Wie ich ihn hasse!«, sagt der Junge. Warum? Weil Charlie Brown einfach vorbeigeht, ohne sich den beiden, dem Jungen und dem Mädchen, zuzuwenden?

Fest steht, dass Charlie Brown eben von Anfang an nie vollständig in eine Gemeinschaft integriert ist. Später wird er, manchmal verzweifelt, manchmal tapfer, Kontakt suchen und nicht finden oder gar regelrecht abgelehnt werden. Andere werden eine Beziehung sogar leugnen (S. 11). Er wird Liebe suchen (das Mädchen, in das er sich verliebt, ist für ihn unerreichbar), aber er wird nicht geliebt und ist nicht beliebt, er wird Anerkennung suchen und fordern (z. B. als Manager der Baseball-Mannschaft), aber nie bekommen (S. 55).

An dieser herausgehobenen Stellung (soll heißen: an seiner Außenseiterposition) wird sich nichts ändern, nur wird er in Zukunft immer schwerer daran zu tragen haben und vielfach im Bemühen, seine Isolation zu durchbrechen, resignieren. Noch im letzten Daily Strip vom 31. Dezember 1999 – und damit spannt diese Reclam-Ausgabe einen wunderbaren Bogen über die gesamte Schulz-Zeit im Peanuts-Universum – wird seine Schwester Sally ein Telefonat für ihn annehmen und mit folgenden Worten nicht weitergeben: »Ich hab gesagt, du führst ein zurückgezogenes Leben und nimmst keinerlei Anteil an weltlichen Dingen …« Im darauffolgenden Bild hat Charlie Brown seine Sitzhaltung verändert, nicht mehr der Kopf, sondern nur noch die Füße ragen über den Rand des Sitzkissens heraus. Er bestätigt resigniert: »Ich würde was sagen, aber ich nehm keinen Anteil …« (S. 131).

Es ist interessant zu fragen, wer denn der Junge und das Mädchen im ersten Strip sind. Da der Junge ihm ja zugewandt ist und den Kontakt sucht, mag es legitim erscheinen, in ihm schon eine Verkörperung jenes Charakters zu sehen, der später den Kontakt finden und zum Freund von

Charlie Brown aufsteigen wird: Linus, jener Junge, der dann die Schmusedecke als besonderes Kennzeichen erhalten wird und schon 1952 zu den *Peanuts* kommt. Und das Mädchen mit der Schleife seitlich im Haar? In ihr mag man vielleicht schon Lucy erkennen (sie tritt ja zuerst mit dem Linus-Prototypen auf, wenn wir den Jungen so sehen wollen). Zusammen mit ihrem Bruder Linus kommt sie 1952 in die Peanuts-Welt. Sie wird noch einen zweiten Bruder bekommen, wodurch sich die Infragestellung ihrer Einzigartigkeit für sie wiederholt, weswegen sie ihn 1972 »Rerun« (dt. ›Wiederholung‹) nennt, noch bevor dieser ein Jahr später tatsächlich auftritt. Und vielleicht zeichnet sich in dem (noch stummen) Mädchen des ersten Strips auch schon Sally ab, die jüngere Schwester von Charlie Brown, die 1959 ihren ersten Auftritt hat und – ganz anders als ihr Bruder – vor Selbstbewusstsein nur so strotzt. Damit werden die Beziehungen zwischen den Charakteren spezifischer, und mit den Beziehungen auch die Profile selbst.

Lucy beispielsweise wird zur geliebten Feindin: Immer zieht sie Charlie Brown im letzten Moment den Ball weg, den er treten will, und lässt ihn so durch die Luft sausen und schmerzhaft hinfallen. Er schreit – vor Schmerz und aus Verzweiflung, dass sich seine Hoffnung, einmal den Ball zu treffen, nie erfüllt. In der Ausweglosigkeit seines Kampfes um eine hoffnungsvolle Welt ist sie die notwendige Antagonistin – eine Beziehung, die sich früh abzeichnet (S. 10). Lucys wenig nützliche ›Psychiatrische Hilfe‹ ist besonders geeignet, den Seelenschmerz Charlie Browns offenzulegen (S. 51). Aber auch Lucy hat ihren Antagonisten, nämlich Schroeder, der permanent Klavier, genauer: Beethoven spielt. In ihn ist Lucy unglücklich und hoffnungslos verliebt. Immer wieder kämpft sie vergeblich um seine Liebe (oder zumindest um seine Aufmerksamkeit) und muss dabei feststellen, dass Beethoven zu diskreditieren jedenfalls nicht der zielführende Weg ist (S. 15). Dass sie später die Noten (visuelles Sinnbild der Musik, die Schroeder spielt) metaleptisch packt und Schroeder auf den Kopf haut, um – natürlich vergeblich – Aufmerksamkeit zu bekommen, zeigt die Weiterentwicklung von Schulz' Erzähltechnik. Schroeders frühes Auftreten im Jahr 1951 kann übrigens mit dem Umstand erklärt werden, dass auch Lucy, je gemeiner sie zu Charlie Brown wird, gleichermaßen eine Figur beigeordnet werden muss, der wiederum sie unterlegen ist. So entwickelt sich das Ensemble aus einer inneren Logik der Beziehungen heraus.

Schon 1954 kommt Pig Pen zu dem Figurenensemble der Peanuts hinzu, der immer um sich herum Staub und Schmutz verbreitet (er gehört nicht zum engsten Kreis des Ensembles, wurde aber im Jahr 2000 auf Platz 5 der beliebtesten Peanuts-Figuren geführt), und der damit, gerade weil er von allen anerkannt wird, ein bürgerliches Sauberkeitsideal sympathisch in Frage stellt. Und dann gibt es noch die toughe Peppermint Patty (1966), die für ihr Alter einen bemerkenswert pragmatischen Zugriff auf das soziale Leben hat, und ihre Freundin, die intellektuelle, aber zurückhaltende und von Patty häufig in den Hintergrund gedrängte Marcie (1971). Mit Franklin tritt 1968 endlich ein Junge of Color mit afroamerikanischen Wurzeln in das Ensemble ein, wenn auch in einer sehr blauäugigen Sicht der Verhältnisse, denn er ist, wie alle Charaktere der Peanuts, in das Ensemble integriert, so als ob es hier keine Rassenkonflikte und Diskriminierungen (mehr) gäbe.

Dennoch kann man das soziologische und das philosophische Potenzial, das Schulz mit diesem Ensemble erzählerisch entfaltet, kaum überschätzen. So wird die Frage aufgeworfen: Wie entsteht eigentlich eine Gesellschaft aus hochgradig individualisierten Typen? Und gleichzeitig wird die Frage umgedreht: Wie können sich hochgradig individualisierte Typen in einer Gesellschaft entwickeln und sich in diese einbringen? Diese Fragen werden nicht beantwortet, aber die Peanuts zeigen uns, welche Kämpfe und Probleme daraus resultieren, die lustig oder lächerlich erscheinen mögen und doch existenziell sind.

Die Peanuts führen uns eine Gesellschaft vor, in der die Zwänge, Sorgen, Ängste des Erwachsenseins die Welt noch nicht vollständig beherrschen, aber unterschwellig schon wirksam sind. In einer Welt mit sauberen, langen und langweiligen Straßen und Gehsteigen, eingezäunten Gärten, einer Schule, einem Baseballfeld und den Häusern der Familien verbringen die Peanuts ihre behütete Kindheit mit klarer Tagesstruktur (Schule und Freizeit) und Jahresstruktur (Schule und Ferien). Erwachsene tauchen so gut wie nie im Bild auf (die unsichtbare Lehrerin in der Schule wird in der Fernsehserie als markante, aber unartikulierte Stimme hörbar). Aber gerade diese gepflegte Bürgerlichkeit bildet die Kulisse, vor der die eigentlichen Fragen aufgeworfen werden können – und jetzt sind wir im Kern des Peanuts-Universums. Hier liegt die schwere existenzielle Last, die jeder Mensch und vor allem jedes Kind zu tragen hat: Unsicherheit, Verzweiflung, Leid, Traurigkeit und vor allem Einsamkeit. Und hier spielt sich die Auseinandersetzung damit ab, getragen von einer untilgbaren Hoffnung.

Das ist der Grund, warum die beiden Hauptcharaktere, Charlie Brown und Snoopy, eine dauerhaft wichtige Rolle spielen. Es geht bei ihnen weniger um das Verhältnis von Herr und Hund, weil Snoopy die Kategorie ›Herr‹ fremd ist (auch wenn sie natürlich gegeben ist, z. B. wenn es Zeit zum Füttern ist); und es geht bei ihnen auch weniger um das Thema Freundschaft, das vielmehr – ab 1967 – im Verhältnis von Snoopy zu seinem kleinen Freund, einem gelben Vogel, der gar nicht richtig fliegen kann und der 1970 den Namen Woodstock erhält, aufgegriffen wird. Bei Charlie Brown und Snoopy geht es in erster Linie um Strategien, mit den existenziellen Zumutungen dieser Welt umzugehen. Charlie Brown ist ein messianischer Held, denn seine stille Botschaft lautet, dass die Hoffnung besteht, an irgendeinem Tag könne man sich vom Leid durch die Liebe erlösen. Überhaupt sind die Peanuts-Geschichten voll von einem unerfüllten Messianismus: Linus träumt davon, dass eines Tages zu Halloween der Große Kürbis erscheint und alle Kinder beschenkt. Lucy hat die Hoffnung, dass Schroeder eines Tages ihre Liebe erhören wird. Charlie Browns große Liebe zu einem rothaarigen Mädchen wird nie erfüllt, weil er sich selbst mit seiner Schüchternheit, seinem Pessimismus, seinem Selbstzweifel im Weg steht. Der Gegenpart zu allem Messianismus ist Snoopy, ein völlig hypertropher Hund, ein bisschen größenwahnsinnig bisweilen, der sich u. a. in die Rolle eines Piloten des Ersten Weltkriegs hineinphantasiert, sich für einen Schriftsteller (ein Alter Ego von Schulz?) hält und zu allen menschlichen Belangen ein distanziertes, überlegenes Verhältnis einnimmt. Doch selbst Snoopy erleidet Niederlagen, z. B. wenn die Katze des Nachbarn ihn wieder einmal schlimm zurichtet. Nur weigert er sich, trotz aller Blessuren solche Niederlagen anzuerkennen.

Ob nun aber wenig oder zu viel Selbstbewusstsein – es sind nur zwei Strategien im Kampf gegen die Unbill der Welt. Man wird dem Versagen oder Scheitern nicht entkommen – aber man wird nicht aufhören, es doch zu probieren. Charles M. Schulz hat das mit den Peanuts 50 Jahre lang vorgeführt, lustig und berührend, phantasievoll und realistisch, typisiert und pointiert, und wir folgen ihm schon seit 75 Jahren.

Einen Tag, nachdem Schulz am 12. Februar 2000 gestorben war, wurde der letzte Strip aus seiner Feder veröffentlicht: ein Sunday Strip. Auch hier drei Bilder: »Nein, ich denke, er schreibt«, sagt Charlie Brown am Telefon im ersten Bild. Im nächsten Bild sieht man Snoopy, wie schon so oft zuvor, an der Schreibmaschine auf seiner Hütte. Verworfene Entwürfe fliegen zerknittert durch die Luft. Und dann kommt das dritte Bild, unter den ersten beiden, sehr groß, in der Mitte ein Abschiedsbrief von Charles M. Schulz:

> Liebe Freunde, ich hatte das Glück, Charlie Brown und seine Freunde für beinahe 50 Jahre zeichnen zu können. Das war die Erfüllung meines Kindheitstraumes. Bedauerlicherweise bin ich nicht länger in der Lage, den Anforderungen eines täglichen Comic-Strips nachzukommen. Meine Familie wünscht, dass Peanuts von niemand anders fortgeführt wird, deshalb gebe ich nun meinen Ruhestand bekannt. Ich war über die Jahre stets dankbar für die Treue unserer Herausgeber und die wundervolle Unterstützung und Liebe, die mir die Fans

> des Strips zukommen ließen. Charlie Brown, Snoopy, Linus, Lucy … Wie kann ich sie jemals vergessen …

Der Brief endet mit Schulz' Unterschrift. Um den Brief herum sehen wir typische *Peanuts*-Szenen, so nochmals Snoopy an der Schreibmaschine, Snoopy als Kampfpilot, aber eben auch Lucy, die Charlie Brown den Ball wegzieht.

Man hätte auch eine Szene zeigen können, in denen die Peanuts ein Fest feiern. Das Fest ist eine paradoxe Veranstaltung: Es lockert die sozialen Normierungen und festigt gleichzeitig die sozialen Bindungen. Gerade in den Feiern der Peanuts kommt die Utopie einer geglückten, solidarischen Gemeinschaft, die das ganze Unglück der Welt doch überwinden kann, zum Ausdruck. Wie sie feiern, das kann man in diesem Band an den Einleitungsseiten zu den Jahrzehnten der *Peanuts*-Welt von den 50ern bis zu den 90ern sehen: Sie sind fröhlich und ausgelassen (vielleicht sogar glücklich), sie tanzen, sie bewegen ihre Körper, ihre Beine wirbeln herum, bis sie fast das Gleichgewicht verlieren. So wie die Peanuts sich feiern, so feiern wir mit ihnen in diesem Band jedes Jahrzehnt, in dem sie uns begleitet haben – egal, wie alt wir selbst sind, wir feiern 75 Jahre *Peanuts*.

Oliver Jahraus